思想的・睿智的・獨見的

經典名著文庫

學術評議

策劃　楊榮川

五南圖書出版公司 印行

經典名著文庫

學術評議者簡介（依姓氏筆畫排序）

- 丘為君　美國俄亥俄州立大學歷史研究所博士
- 吳惠林　美國芝加哥大學經濟系訪問研究、臺灣大學經濟系博士
- 宋鎮照　美國佛羅里達大學社會學博士
- 林玉体　美國愛荷華大學哲學博士
- 邱燮友　國立臺灣師範大學國文研究所文學碩士
- 洪漢鼎　德國杜塞爾多夫大學榮譽博士
- 孫效智　德國慕尼黑哲學院哲學博士
- 秦夢群　美國麥迪遜威斯康辛大學博士
- 高明士　日本東京大學歷史學博士
- 高宣揚　巴黎第一大學哲學系博士
- 張光宇　美國加州大學柏克萊校區語言學博士
- 張炳陽　國立臺灣大學哲學研究所博士
- 陳秀蓉　國立臺灣大學理學院心理學研究所臨床心理學組博士
- 陳思賢　美國約翰霍普金斯大學政治學博士
- 陳清秀　美國喬治城大學訪問研究、臺灣大學法學博士
- 陳鼓應　國立臺灣大學哲學研究所
- 曾永義　國家文學博士、中央研究院院士
- 黃光國　美國夏威夷大學社會心理學博士
- 黃光雄　國家教育學博士
- 黃昆輝　美國北科羅拉多州立大學博士
- 黃政傑　美國麥迪遜威斯康辛大學博士
- 楊維哲　美國普林斯頓大學數學博士
- 葉海煙　私立輔仁大學哲學研究所博士
- 葉國良　國立臺灣大學中文所博士
- 廖達琪　美國密西根大學政治學博士
- 劉滄龍　德國柏林洪堡大學哲學博士
- 黎建球　私立輔仁大學哲學研究所博士
- 盧美貴　國立臺灣師範大學教育學博士
- 薛化元　國立臺灣大學歷史學系博士
- 謝宗林　美國聖路易華盛頓大學經濟研究所博士候選人
- 簡成熙　國立高雄師範大學教育研究所博士
- 顏厥安　德國慕尼黑大學法學博士

經典名著文庫174

原始分類

分類的一些原始形式——集體表徵的研究

愛彌爾・涂爾幹
馬塞爾・莫斯 著

汲喆 譯

經典永恆・名著常在

五十週年的獻禮・「經典名著文庫」出版緣起

總策劃 楊榮川

五南，五十年了。半個世紀，人生旅程的一大半，我們走過來了。不敢說有多大成就，至少沒有凋零。

五南忝為學術出版的一員，在大專教材、學術專著、知識讀本出版已逾壹萬參仟種之後，面對著當今圖書界媚俗的追逐、淺碟化的內容以及碎片化的資訊圖景當中，我們思索著：邁向百年的未來歷程裡，我們能為知識界、文化學術界做些什麼？在速食文化的生態下，有什麼值得讓人雋永品味的？

歷代經典・當今名著，經過時間的洗禮，千錘百鍊，流傳至今，光芒耀人；不僅使我們能領悟前人的智慧，同時也增深加廣我們思考的深度與視野。十九世紀唯意志論開創者叔本華，在其〈論閱讀和書籍〉文中指出：「對任何時代所謂的暢銷書要持謹慎的態度。」他覺得讀書應該精挑細選，把時間用來閱讀那些「古今中外的偉大人物的著作」，閱讀那些「站在人類之巔的著作及享受不朽聲譽的人們的作品」。閱讀就要「讀原著」，是他的體悟。他甚至認爲，閱讀經典原著，勝過於親炙教誨。他說：

> 「一個人的著作是這個人的思想菁華。所以，儘管一個人具有偉大的思想能力，但閱讀這個人的著作總會比與這個人的交往獲得更多的內容。就最重要的方面而言，閱讀這些著作的確可以取代，甚至遠遠超過與這個人的近身交往。」

爲什麼？原因正在於這些著作正是他思想的完整呈現，是他所有的思考、研究和學習的結果；而與這個人的交往卻是片斷的、支離的、隨機的。何況，想與之交談，如今時空，只能徒呼負負，空留神往而已。

三十歲就當芝加哥大學校長、四十六歲榮任名譽校長的赫欽斯（Robert M. Hutchins, 1899-1977），是力倡人文教育的大師。「教育要教眞理」，是其名言，強調「經典就是人文教育最佳的方式」。他認爲：

> 「西方學術思想傳遞下來的永恆學識，即那些不因時代變遷而有所減損其價值

的古代經典及現代名著，乃是眞正的文化菁華所在。」

這些經典在一定程度上代表西方文明發展的軌跡，故而他爲大學擬訂了從柏拉圖的《理想國》，以至愛因斯坦的《相對論》，構成著名的「大學百本經典名著課程」。成爲大學通識教育課程的典範。

歷代經典．當今名著，超越了時空，價值永恆。五南跟業界一樣，過去已偶有引進，但都未系統化的完整舖陳。我們決心投入巨資，有計劃的系統梳選，成立「經典名著文庫」，希望收入古今中外思想性的、充滿睿智與獨見的經典、名著，包括：

- 歷經千百年的時間洗禮，依然耀明的著作。遠溯二千三百年前，亞里斯多德的《尼各馬科倫理學》、柏拉圖的《理想國》，還有奧古斯丁的《懺悔錄》。
- 聲震寰宇、澤流遐裔的著作。西方哲學不用說，東方哲學中，我國的孔孟、老莊哲學，古印度毗耶娑（Vyāsa）的《薄伽梵歌》、日本鈴木大拙的《禪與心理分析》，都不缺漏。
- 成就一家之言，獨領風騷之名著。諸如伽森狄（Pierre Gassendi）與笛卡兒論戰的《對笛卡兒沉思錄的詰難》、達爾文（Darwin）的《物種起源》、米塞斯（Mises）的《人的行爲》，以至當今印度獲得諾貝爾經濟學獎阿馬蒂亞．

森（Amartya Sen）的《貧困與饑荒》，及法國當代的哲學家及漢學家余蓮（François Jullien）的《功效論》。

梳選的書目已超過七百種，初期計劃首爲三百種。先從思想性的經典開始，漸次及於專業性的論著。「江山代有才人出，各領風騷數百年」，這是一項理想性的、永續性的巨大出版工程。不在意讀者的眾寡，只考慮它的學術價值，力求完整展現先哲思想的軌跡。雖然不符合商業經營模式的考量，但只要能爲知識界開啓一片智慧之窗，營造一座百花綻放的世界文明公園，任君遨遊、取菁吸蜜、嘉惠學子，於願足矣！

最後，要感謝學界的支持與熱心參與。擔任「學術評議」的專家，義務的提供建言；各書「導讀」的撰寫者，不計代價地導引讀者進入堂奧；而著譯者日以繼夜，伏案疾書，更是辛苦，感謝你們。也期待熱心文化傳承的智者參與耕耘，共同經營這座「世界文明公園」。如能得到廣大讀者的共鳴與滋潤，那麼經典永恆，名著常在。就不是夢想了！

二〇一七年八月一日　於

五南圖書出版公司

導讀

東海大學社會學系 陳逸淳

自我是什麼？我們是誰？他者又是誰？關於認同與區隔的大哉問，對身處當代世界的我們而言，是個十分重要，關乎自我認同、族群認同，甚至於敵我之辨的問題。世界上的諸多紛爭與合作，小到個人之間的爭執或分工，大至以族群爲界的戰爭，或許無不皆由分類（classification）所引起。關於人們如何分類、爲何分類，以及社會秩序如何可能的問題，百餘年前的《原始分類》這本書，也許可以給我們一些思考的線索。

《原始分類》最初刊載於一九〇三年出刊的《社會學年鑑》（*L'Année sociologique*）第六期，法文的完整全名爲《分類的一些原始形式——集體表徵的研究》（*De quelques formes primitives de classification - contribution à l'étude des représentations collectives*）。華文世界的翻譯皆採英譯本的譯法，將標題譯爲《原始分類》（*Primitive Classification*, 1969）。事實上，此翻譯並不精確，特別是漏掉了副標題中的「集體表徵」（représentations collectives）這個詞彙。「集體表徵」作爲社會學三大家之一、社會學宗師涂爾幹（Émile Durkheim）所創的重要概念之一，標題翻譯對此概念之缺漏其實是令人遺憾的。因爲，《原始分類》這本書的出版以及所探討的「集體表徵」這個概念，可以說正好標誌出了二十世紀法國社會學發展的一個十分重要的轉折。以下這篇導讀，筆者將透過知識社會學的視角，來談談《原始分類》這本書爲何重要、在當代人文社會科學的發展歷程中代表了什麼意義，以及爲何這本書即便到了當代仍然值得我們一讀。

涂爾幹的方法論斷裂：從集體意識到集體表徵

在探討《原始分類》這本書的重要性之前，我們必須先談談法國社會學在涂爾幹所身處的時代的發展以及一些爭議。對社會學略有涉獵者大都知道涂爾幹在他的名著《社會分工論》（*De la division du travail social*, 1893）之中，主張社會中存在著所謂「集體意識」（conscience collective），指的是某種由人們所共享的價值體系，能夠保障社會的團結或凝聚（solidarité）。涂爾幹分析了西方世界由傳統過渡到現代的過程，指出現代社會的發展代表傳統的集體意識逐漸消退，以及個體意識、個人主義興起的過程。「集體意識」這個重要概念在《社會分工論》之中被大量使用，隨後並爲涂爾幹應用於其他的研究之中；包括一八九五年的《社會學方法的規則》（*Les règles de la méthode sociologique*）之中探討了社會學研究該如何區辨集體意識與個體意識的具體方法；一八九七年的《自殺論》（*Le suicide*）則探討了社會凝聚、集體意識與個體意識的強弱與自殺率之間的實證關係。涂爾幹以他的實證主義研究方法，奠定了社會學大師的地位，並因此被奉爲實證社會學的宗師。

涂爾幹透過實證分析的各種研究成果，主張集體意識的強弱與社會凝聚的強弱有著直接的關聯。然而，這樣的理論主張，隨著《社會分工論》出版後所引發的大量批評，涂爾幹不得不在隨後的《社會學方法的規則》中更清楚地陳述其理論立場。簡言之，在《社會分工論》的第三部分，涂爾幹探討了社會分工的「不正常形式」，包括「失序的分工」（La division du travail anomique）；他指出，那些對社會凝聚造成負面效果的活動，例如犯罪，並不能算是社會分工，只能說是「純粹而簡單的分化」而已。涂爾幹認爲這些「不正常的形式」並不構成社會學的研究對象；因爲社會學要研究的應該是那些「正常的類型」，換句話說，也就是在統計上所呈顯出來的大多數的情況，並以此來指導社會的道德規範。這樣的研究主張，大體上也構成了當今實證社會學的主要研究方向。換言之，所謂的「不正常」指的是統計上的少數極端值，應予以排除，因爲社會中的極端案例，既無法指導價值，亦非涂爾幹賦予社會學的研究任務之所在。

在隨後的《社會學方法的規則》中，涂爾幹企圖進一步精確地定義「正常」與「不正常」的區別判准：正常指的是某一類型的社會中普及的社會事實。某一社會現象如果在大多數同類型社會中皆存在，就是「正常的」社會現象。然而他也承認，在快速變遷的時期中，新的形式尚未穩定下來，舊的形式也尚未消失，因此必須去分析過去形式的一般性條件是否仍存在，來確定算不算是「正常」。這樣的理論立場自然引發了反對者對涂爾幹的批評：「存在即合理」。批評者認爲涂爾幹的社會學有爲現狀辯護的保守主義傾向。

若仔細來看，涂爾幹在《社會學方法的規則》中所提出的正常與否的定義方式是這樣的：正常指的是「應然與實然相符」，不正常指的是「應然與實然不符」。那麼，什麼是「應然」和「實然」呢？什麼是「相符」、什麼是「不符」呢？涂爾幹指出了三條準則：一、所謂的「常態」只能適用於某個特定發展階段以及特定的社會類型。也就是說，所謂的常態的社會事實，也僅只適用於某個特定的時空。二、社會現象必須對於社會整體有滿足一般需求的功能，才能算是常態。也就是說，社會事實必須對社會整體有功能，不違反社會整合的原則，才能算是常態。三、理論意義上的「常態」有時候是很難實現的，一個動態的社會經常帶有一些病態的特徵。因此，理論上的常態與實際上的情況經常有著落差，所以有時候「我們不得不動員自己的想像力去尋找更好的狀態」。

然而，上述準則存在著邏輯上的矛盾，因爲理論上的「更好的狀態」指的是尚未普及的狀態，經常與社會的實際情況不符。因此，我們或許便能如此推斷：理論上的更好的狀態（應然）和實際狀況（實然）不符，其實也正是何以「不正常」會出現的原因。理論上的「更好」在其出現之時，必然也是「不正常」的（因爲並不存在著與之相對應的社會事實，所謂的「更好的狀態」只存在於理論中），由此我們便能夠發現，在涂爾幹的理論中，所謂的「分工的進步」與「失序」其實正是一體之兩面。

不難猜想的是，涂爾幹自然也意識到了上述方法論陳述上的困境。於是，在一八九七年的《自殺論》之後，涂爾幹的後續研究發展，可以說是澈底放棄了他過去一手打造的實證社會學的研究方法。具體而言，涂爾幹確實從此放棄了過去的研究方法和研究對象；從《亂倫禁忌及其起源》（*La Prohibition de l'inceste et ses origins*, 1897）出版起，涂爾幹轉爲從事人類學風格的研究。而一九〇三年出版的《原始分類》這本書，就是涂爾幹與其前期研究法斷裂後的具體研究成果。美國社會學大師帕森斯（Tacott Parsons）在其著作《社會行動的結構》中即指出，此爲涂爾幹從早期「社會學實證主義」（sociological positivism）轉爲晚期「唯心主義的社會學」（idealistic sociology）的認識論上的轉向；[1]特別是當涂爾幹的研究對象從現代社會轉往原始社會的概念思維、邏輯秩序與宗教生活之後，此種轉向尤其明顯。

另外一個具體的理論概念的改變是，涂爾幹在《亂倫禁忌及其起源》中初次提出了「集體表徵」這個概念的構想，並在《原始分類》這本書中專注於從事關於「集體表徵」的研究。自此，「集體表徵」便取代了他過去大量使用的「集體意識」這個概念，成爲晚期涂爾幹探討社會現象的依據。涂爾幹生前最後出版的重量級著作《宗教生活的基本形式：澳洲的圖騰體系》（*Les Formes élémentaires de la vie religieuse: le système totémique en Australie*, 1912），便是其晚期研究方法與研究對象集大成之作，並以此奠定了他在宗教社會學研究領域無可迴避的重要地位。顯而易見的是，不論是涂爾幹的方法論斷裂，還是從集

1 Parson, Tacott, 1949, *The Structure of Social Action*, p.468, The Free Press.

體意識到集體表徵的概念演化，《原始分類》這本書都是最爲關鍵的轉折依據。換言之，如果想要理解社會學大師涂爾幹如何放棄自己打造的實證主義研究方法，接著又創造了當今結構人類學研究方法的分析架構雛形，那麼這本書就十分值得一讀。

法國人類學研究的興起：涂爾幹學派的轉向與傳承

本書的另一位作者莫斯（Marcel Mauss），亦十分值得我們在此一提，特別是在華文社會科學的世界中，人們對莫斯的理解和引介一直都顯得相當稀缺。《原始分類》這本書是由涂爾幹和他的侄子，也是之後涂爾幹學派（École durkheimienne）的繼承者、近代人類學的宗師之一——莫斯所共同撰寫。在出版本書的一九〇三年，莫斯年僅三十一歲，才剛取得了位於巴黎的高等實踐研究院（École Pratique des Hautes Études）的教職，也才剛加入涂爾幹所創辦的《社會學年鑑》團隊不久。此時正值莫斯的學術生涯起步，在涂爾幹的大力提攜之下，《原始分類》一書可以說是在不久的將來就要發光發熱的人類學一代宗師莫斯初次廣爲人知之作。儘管莫斯先前已有數篇學術著作，內容多半圍繞宗教與原始文明等相關主題，但是自從《原始分類》出版後，莫斯這個名字才開始逐漸爲學術界所知。之後，在莫斯於一九〇四年出版《巫術的一般理論綱要》（*Esquisse d'une théorie générale de la Magie*）和一九〇八年出版《宗教現象研究導論》（*Introduction à l'étude de quelques phénomènes religieux*）的時候，他已經逐漸站穩了其學術界的腳步。到了一九二五年，莫斯出版了他的最著名的著作《禮物》（*Essai sur le don*），讓他奠定了人類學宗師的地位；這本出色的經典著作也使得他在兩度叩關法蘭西公學苑（Collège de France）講座失敗之後，[2]得以於一九三〇年擊敗了以集體記憶研究聞名的同門師兄阿博瓦克斯（Maurice Halbwachs），獲得了法蘭西公學苑講座教授這個法國學術界的最高榮譽。[3]

莫斯的研究之路是十分獨特的。他一方面繼承了涂爾幹對「社會事實」的研究堅持，獨創了「整體社會事實」（le fait social total）這個全新的概念。此外，莫斯還重新發明了「慣習」（*habitus*）這個理論概念，此概念之後爲二十世紀舉世聞名的社會學大師布赫迪厄（Pierre Bourdieu）所發揚光大。在象徵層面上，莫斯最重要的成就莫過於他成爲法蘭西公學苑史上第一位「社會學講座」（chaire Sociologie, 1931-1942），他的當選被視爲社會學這門學科在法國學術界終於獲得正式承認的重要象徵；要知道，即便涂爾幹身爲影響力巨大的一代宗師，且畢生爲了催生社會學這門學科而努力，但涂爾幹也僅被法蘭西公學苑任

2 莫斯曾於一九〇七年和一九〇九年兩度成爲法蘭西公學苑講座的候選人，但皆告失敗。直到一九三〇年第三度叩關才成功獲選。

3 涂爾幹是史上第一位獲選爲法蘭西公學苑講座教授的社會學家，他於一八九七年獲選爲社會哲學（philosophie sociale）講座教授。

命爲社會哲學講座，而非社會學講座。莫斯的這個成就，使得社會學終於正式獲得知識界肯認，被公認爲法國社會學家們長久以來努力的重大成果。

然而，儘管當時的莫斯的確光耀了社會學這門學科之名號，但莫斯的學術研究方向，卻將以他爲首的涂爾幹學派轉往了民族學與人類學的道路。一九二五年，莫斯和兩位人類學家布爾（Lucien Lévy-Bruhl）以及利維（Paul Rivet）共同創立了巴黎大學民族學院（L'Institut d'ethnologie de l'université de Paris），致力於記錄與理解土著民族之方法，特別是語言、宗教、習俗、技術、人類學特徵、歷史與考古。即便莫斯隨後於一九三〇年當選爲法蘭西公學苑社會學講座，事實上，他的後續研究與著作，完全都是正統的人類學研究，而非早期涂爾幹式的實證主義社會學研究；且由於他長年與盎格魯—薩克遜的人類學家交流往來，例如：弗雷澤（James Frazer）和泰勒（Edward Tylor）等人，莫斯很早就以民族人類學作爲其研究之重點，而非社會學。甚至在他即將當選爲法蘭西公學苑講座之時，學苑內部即出現了十分激烈的論戰，講座教授之間激辯究竟該任命莫斯爲社會學講座，還是民族學講座。[4]換言之，以實際的成就來說，莫斯無疑是背叛了社會學，而轉往了民族學與人類學的道路。在莫斯於一九五〇年過世之後，當代結構人類學巨擘李維史陀（Claude Lévi-

4 Fournier, Marcel, 1996, L'élection de Marcel Mauss au Collège de France. In: *Genèses*, vol. 22. La ville : postures, regards, savoirs. pp. 160-165.

Strauss）協助整理並編纂了莫斯的遺稿，集結出版了《社會學與人類學》（*Sociologie et anthropologie*）一書；李維史陀除了親自爲此書寫序[5]之外，也將莫斯視爲結構人類學的先驅。之後，莫斯便廣泛地被承認爲法國人類學之父（père de l'anthropologie française）。[6]

莫斯身爲法國社會學獲得肯認、成爲官方認可的知識道統的第一人，又被尊稱爲法國人類學之父，這樣的雙重榮耀集結於他一人，綜觀法國學術界，直至今日似乎再也無人能夠企及如此巨大的成就。這樣的成就，也說明了一件事：莫斯既是涂爾幹學派的傳承者，同時也是法國人類學派的開創者。如上所述，不論是涂爾幹學派從社會學到民族學的轉折，還是法國人類學的草創，《原始分類》這本書作爲莫斯最重要的初試啼聲之作，確實值得在這些發展過程中被記上一筆，也值得今天人文社會科學的學徒們一讀。

什麼是分類？社會秩序與分化之源的問題

《原始分類》這本書，若我們以當代的眼光來看的話，其篇幅並不算龐大，以人類學研

---

5 Lévi-Strauss, Claude, 1950, Introduction à l'œuvre de MarcelMauss, in Mauss, Marcel. *Sociologie et anthropologie*, Paris: PUF.

6 Gras, Alain (dir.), 2003, *Sociologie-Ethnologie. Auteurs et textes fondateurs*. Paris: Sorbonne.

究的標準來看更是堪稱精簡；其中既沒有大量的資料堆積，也沒有冗長的神話分析，只有幾個不同民族的不同分類圖式的簡單描述。包括：澳洲貝林格河（Bellinger River）流域一些土著部落的圖騰分類體系，新幾內亞（New Guinea）附近群島土著的圖騰分類體系，美洲祖尼人（Zuñis）和蘇人（Sioux）的圖騰分類體系，以及中國以方位（八卦）、天地（天干地支）與動物（十二生肖）爲主的時空分類體系。

不論何種分類體系，大體上都展現了幾個重要的特色：一、等級的觀念：分類中的群體之間具有確定的關係，且通常具有次序與秩序的意義。二、整體性：分類中的所有部分共同組成了單一的整體。三、知識性：分類體系就像是科學一般，具備全然的思辨目的（but tout spéculatif），其目標並非輔助行動，而是增進理解，使事物之間的關係變得明白易懂。因此，人們對事物的分類，就是對秩序的掌握與理解。而具體呈現出來的種種集體表徵，例如：原始部落的圖騰與氏族，或者是當代社會所明定的各種法律規範，所反映的正是人們的知識。這些分類知識，除了做爲個體行動的準則，更是整個社會所共享的世界觀，是社會秩序穩定的最基礎要素。

對個體而言，我們其實無時無刻都需要社會所預設的分類知識；像是看到一個陌生人，我們須先區辨其性別、階級、美醜、善惡……等等，否則我們可能難以決定該如何和眼前這個陌生人互動、要不要和他互動。對社會而言，分類的根據並非來自純然的知性法則，反而是某種集體情感的產物；例如：每個民族都會基於其獨特的情感態度，來區分神聖與凡俗、純潔與汙穢、吉利與不吉利、朋友與敵人、親屬與外人。所謂的社會分類，既是知識，又是秩序的規範，是群體性的展現，同時也是個體理解自我和他人的基礎。分類體系構一方面成了「我是誰」這樣的自我認同之源，同時也賦予了客觀的性質，像是文憑、頭銜、社會地位等，是社會中各種區隔（distinction）的客觀基礎。分類體系既構成了整體，也促成了個體與部分的分化。如果說，在社會學的傳統中長久為人所爭辯的對立項「結構 vs. 行動」這個命題眞的成立的話，或許從社會分類的角度來看，所謂的結構與行動之爭，也只是整體社會分類圖式在其本質中所固有的一體之兩面而已。

本書譯者汲喆為華文世界知名的宗教社會學家，現任法國國立東方語言與文明學院（INALCO）社會學教授；本書內容詳實，譯筆精湛，概念處理清晰，這本中譯本確實值得我們一讀。最後，為何到了二十一世紀的今天，我們仍然應該讀讀這本百年前的著作呢？對筆者而言，理由正如涂爾幹與莫斯在結論中所言：「科學分類的歷史，就是社會情感的要素逐漸削弱，並且一步步地讓位於個體反思的歷史。」然而，個體主義的無止盡發展，及所伴隨而來的諸多失序（anomie），確實是令人擔憂的。或許該是人們好好反省個人主義及其弊病，並且重新思考我們所共享的是什麼，集體利益與情感該為何物的時候了。

撰於大度山，二〇二二年，春分

目次

分類的幾種原始形式：集體表現之研究

問題

所謂當代心理學的發現，可以通盤歸結爲頻頻出現的幻覺，即我們將事實上極其複雜的現象，視爲某些單純而又基本的心理活動。而我們現在認識到，對於這個可以感觸到的世界而言，倘若我們要在空間中建構、籌劃和確定它的各種表現，那麼這種機制的構成要素將是相當複雜的。不過，在絕大多數情況下，這種分離的做法仍然不能算是確切意義上的邏輯活動。一般而言，定義、演繹和歸納的能力，是在個體知性的基本構成中被直接賦予的東西。誠然，人們長久以來就很清楚，在歷史過程中，人類已經學會越來越恰當地運用各種各樣的才能。不過，人們通常也以爲，除了運用這些能力的方式之外，就再也沒有什麼其他重大的變化了；從人類誕生之日起，這些能力就已經充分具備了它們的基本特徵。人們甚至從來也沒有想到過，它們也許只有歷經千辛萬苦，透過把取自不同來源的要素結合在一起，才能得以形成；它們與邏輯格格不入，費盡周折才得以組織起來。只要邏輯能力的發展還依然被僅僅劃歸個體心理學的範圍，只要還沒有人認識到這些科學思維方式乃是名副其實的社會制度，唯有社會學才能夠追溯和說明它的起源，那麼有上述這樣的概念也就不足爲奇了。

以上評論對分類能力而言尤爲適用。所謂分類，是指人們把事物、事件以及有關世界的事實劃分成「類」和「種」，使之各有歸屬，並確定它們的包含關係或排斥關係的過程。對此，邏輯學家，甚至還有心理學家，都將其視爲簡單的、先天的東西，或者至少是僅憑個體自身的力量就能夠構成的能力。邏輯學家把概念的等級視爲是事物中既定的等級，透過三段論的無窮推論，就可以將其直接表達出來。心理學家則認爲，觀念聯想的簡單作用，以及各種心理狀態之間的近似律和相似律的簡單作用，就足以說明各種意象是如何連接在一起的，如何組織成概念的，以及這些概念又是如何在彼此之間的聯繫中被劃分出來的。當然，最近還有流行一種不那麼簡單的心理發展理論。它所提出的假設是，觀念之所以被組合起來，不僅僅是因爲要依據它們彼此之間的親和性，還要依據它們與各種運動之間的關係。[1]不過，無論這種解釋多麼高妙，它仍然把分類當成了一種個體活動的產物。

然而，倒是有一個事實足以表明這種心理活動具有另外的起源：我們對分類的理解和運用，只是後來才出現的。實際上，我們對事物進行分類，是要把它們安排在各個群體中，這些群體相互有別，彼此之間有一條明確的界線把它們清清楚楚地區分開來。現代進化論否認在它們中間有一條不可逾越的鴻溝，但我們並不能據此認爲，這些事物相互融合在一起，以至於能夠從一種事物推演出另一種事物的來龍去脈。歸根究柢，在我們的類別概念中存在著一種劃分的觀念，它的界線是固定而明確的。我們幾乎可以這樣說，這樣的分類概念並不能追溯到亞里斯多德（Aristotle）之前。是亞里斯多德最先宣稱，特定的差別既是實存，也是

1 Münsterberg 1889/1892：第三卷，第一一三頁；第二卷，第二冊；第一卷，第一二九頁等等。

實在，它表明手段即是原因，屬與屬之間並不可以直接相互過渡。而柏拉圖（Plato）對這種差異和等級組織就沒有那麼敏感，在他看來，不同的屬在一定意義上是同質的，可以透過辯證法進行相互還原。

我們現今的分類觀念不僅是一部歷史，而且這一歷史本身還隱含著一部值得重視的史前史。實際上，我們可以毫不誇張地說，人類心靈是從不加分別的狀態中發展而來的。直到今天，我們的大眾文化、神話以及宗教中的相當一部分，仍然是建立在所有意象和觀念基本上相互混同的基礎上。這些意象和觀念彼此不相分離，因而也很不明確。形狀的變化、品質的傳遞、人、靈魂以及肉體的相互替代，堅持認爲精神能夠物質化、物質對象也能夠精神化的各種信念，所有這一切，都恰恰是構成宗教思想和民間傳說的要素。如果人們始終是用界定清楚和分類明確的概念來表現事物的話，那麼這種嬗變的觀念也就不可能產生。基督教教義中的變體論正是這種心靈狀態的結果，這也可以證明，這種心靈狀態是相當普遍的。

然而，在今天，這種思維方式不過是一種殘留下來的東西；甚至說，我們只能在集體思想的某些已被明確劃定了的功能中才能發現它。然而，還有不計其數的社會，它們的整個自然史還仍然是各種尋根溯源的故事，它們對植物和動物物種的所有看法還僅僅局限於變形的範圍，它們的全部科學推測還必須求助於占卜和巫術中所畫的圓圈或方格子。在中國、在遠東各地區、在當代印度，也依然像在古希臘和古羅馬一樣，有關感受活動的觀念、有關符號對應的觀念以及有關星象作用的觀念，從古至今不僅廣爲流傳，並依舊充斥著集體知識。所有這些社會還仍然具有這樣的信念：即使是異質性最強的事物也具有相互轉化的可能性，因而，我們多少可以說，它們完全沒有確定的概念。

如果我們再進一步考察那些已知的、最不開化的社會，也就是德國人含糊地稱之爲「自然種族」（Naturvölker）的那些社會，我們就會發現更爲普遍的心理混淆。[2]在那裡，個體本身失去了他的人格；在他、他的外部靈魂以及他的圖騰之間，根本沒有區別。他和他的「動物夥伴」共同組成了一個單一的人格。[3]這種認同使人們認定，他也具備與之有上述關係的那種事物或動物的特徵。例如，馬布亞哥（Mabuiag）島上的鱷魚族人，都被認爲具有鱷魚的脾氣：他們自高自大、凶狠殘暴，隨時準備動武。[4]在蘇人（Sioux）中，有一個稱爲「紅」的部落分支，是由美洲獅、野牛和駝鹿這三個氏族組成的，由於這幾種動物都以其暴烈的天性稱雄，所以這些氏族的成員天生就是戰士；相反，如果是那些從事農業的人，那些自然而然就性情平和的人，他們所屬氏族的圖騰便基本上都是些溫和的動物。[5]

---

2 參見Bastian 1887，第十一、八十三頁；一八八六，第一卷，第十八頁。

3 Spencer & Gillen 1899，第一〇七、二〇七頁。

4 Haddon 1901，第一三二頁。

5 Dorsey 1884，第二〇八頁。

人尚且如此，事物具有這種特徵也就更在情理之中了。不僅記號與事物之間、名字與人之間、地點與居民之間完全沒有差別，而且借用斯坦南對巴凱里人（Bakairi）[6]和博羅羅人（Bororo）所作的非常確切的評論，我們可以說泛同（generatio aequivoca）原則在原始人那裡完全得到了認可。[7]博羅羅人發自內心地把自己想像成鸚鵡；至少，只要他一死，他就會化作這種獨特的形式；他此生之於鸚鵡，正如毛蟲之於蝴蝶。特魯邁人（Trumal）眞誠地以爲自己就是水生生物。「印第安人缺乏我們那種對屬的明確劃分，正是這種明確的劃分，才使物與物之間不致相互混淆。」[8]動物、人以及非生命體的對應關係，起初幾乎總是被構想爲是相互最完滿地統一起來的。烏鴉與降雨之間的關係，白馬或紅馬與太陽之間的關係，乃是印歐傳說中的獨特之處；[9]而這樣的例子眞是不勝枚舉。

此外，對每一代人而言，心靈的這種狀態都是個體發展的出發點，根本沒有什麼顯著的不同。在這種情況下，意識只是此起彼伏、連亙不斷的表現流，即使其中開始出現了差

6 原來的加勒比人（Carib），現居於興古河（Xingu）流域。——英譯注
7 Von den Steinen 1894，第三五二頁。
8 Von den Steinen 1894，第三五一頁。
9 Caland 1901；Hillebrandt 1897，第一二〇頁；von Negelein 1901。

別，這種差別也是非常瑣碎的。這是右，那是左；那是過去，這是現在；這個與那個相似，那個與這個相伴。如果沒有教育來指出思考的路徑，那麼所有這些差不多也就是一個成年人的心靈所能想到的一切了。而教育所指明的思維方式，則是一個人憑藉自身努力所無法確立的，它只能是整個歷史發展的結果。顯而易見，簡單粗略的區別和歸類與眞正構成分類的那些要素之間具有天壤之別。

因而，分類絕不是人類由於自然的必然性而自發形成的，人性在其肇端並不具備分類功能所需要的那些最必不可少的條件。進一步說，人是不可能在其自身上找到分類的基本要素的，理解了這一點，我們就可以對分類這一觀念進行檢驗了。一個類別就是一組事物；但事物卻從來沒有依據這樣的形式進行歸類而呈現在我們的視野中。我們確實可以感覺到它們的相似之處，儘管或多或少有些模糊。但是，這種彼此相似的簡單事實並不足以解釋，爲什麼我們會把這些彼此相似的事物劃爲一類，爲什麼會把它們一起納入到某種我們稱之爲「綱」、「種」這樣的觀念領域之中，並用明確的界限將其隔絕起來。我們沒有任何證據認爲，我們的心靈天生就包含有整個分類基本框架的原型，而且這個原型具有完備的構造。當然，對於已經構成的集合來說，詞語有助於我們賦予其更多的一致性和連續性；然而，儘管歸類的可能性一經被構想出來，詞語就會成爲更好地完成這種歸類的手段，但詞語本身卻不可能帶來歸類的觀念。換一個角度說，分類不僅僅是進行歸類，而且還意味著依據特定的關係對這些類別加以安排。我們想像某些類別是同一級別的，而某個類別則從屬於另一個類別；我們說某些類別（屬）包含了另一些類別（種），後者可以劃入前者之中；有些類別是處於支配地位的，有些類別是被支配的，還有一些類別則獨立於其他各種類別。每一種分類都包含著一套等級秩序，而對於這種等級秩序，無論是這個可感世界，還是我們的心靈本身，都未曾給予我們它的原型。因此，我們有必要追問：這種等級秩序到底是從哪裡找到的？從我們用來劃定類別的那些術語來看，我們可以推測所有這些邏輯觀念都具有邏輯之外的起源。我們把同一屬的各個種說成是由親屬關係聯繫起來的；我們把某種類別稱之爲「族」（family）；另外，「屬」（genre）這個詞本身原本指的不就是一個親屬（γένος）群體嗎？這些事實使我們得出這樣的推斷：分類圖式不是抽象理解的自發產物，而是某一過程的結果，而這個過程是由各種各樣的外來因素組成的。

當然，以上這些預備性考察的目的，並不是要就此解決問題，更不想對問題的答案作出預先的判斷，我們僅僅想把我們必須提出的問題展現出來。我們絕不能把人們的分類說成是來源於個體知性之必然性的、自然而然的事情，恰恰相反，我們必須捫心自問：究竟是什麼使人們採取這種方式來安排他們的觀念的？又是在哪裡發現這種獨特配置的藍圖的？我們並不奢望這個問題及其所有派生出來的結果可以得到通盤解決。然而，既然問題已經提出來了，我們很願意舉出一些可以闡明這個問題的證據。回答這個問題的唯一辦法，就是去考察人類所形成的最粗陋的分類，以便弄清分類究竟是由哪些要素構成的。所以，接下來我們將對幾種分類體系加以評述，這些分類體系當然都是非常原始的，而它們所具有的一般意義又都是不容懷疑的。

問題是我們首先提出來的，以往還從來沒有人像我們這樣闡述過這一問題。不過，在本書所使用的事實中，有些事實已經得到幾位作者的關注和研究。巴斯蒂昂就曾關注過一般意義上的宇宙論觀念，並一再試圖將這些觀念系統化。[10]但是，他的研究過於集中在東方民族的宇宙論和中世紀的宇宙論上，而且僅僅記載了事實，沒有去解釋這些事實。對更粗陋一些的分類來說，最先是霍維特，[11]然後是弗雷澤，[12]都已經提供了不少例子。然而，他們倆都沒有從邏輯史的角度看出這些事實的重要性。我們將會看到，實際上，弗雷澤對事實的詮釋與我們所提出的解釋恰恰是相反的。

---

10 Bastian 1887，並附有一張很有意思的圖表；1892，等等。

11 Fison and Howitt 1880，第一六八頁；Howitt 1889a，第六十一頁。霍維特的原話是這樣說的：「這並不是這些部落所獨有的，它在遠離澳洲之外的地方亦能見到，它可能比我們猜想的要普遍得多。」

12 Frazer 1887，第八十五頁；1899。

一　澳洲分類類型

目前已知的最簡單的分類體系，乃是在澳洲部落中所發現的分類體系。這些社會最普遍的社會組織形式，可以說已經廣爲人知了。每個部落都分爲兩大基本的部分，我們均稱之爲胞族（phratrie）。[1]每個胞族都是由一定數量的氏族組成的，而氏族則是由具有相同圖騰的個體所組成的群體。原則上，一個胞族中的圖騰在另一個胞族中是找不到的。除了氏族以外，每個胞族又可以分爲兩個姻族。我們之所以稱之爲姻族，是因爲其目的首先是要對婚姻作出規定：一個胞族中的某一特定姻族只能與另一個胞族中的某一姻族

1　並不是所有作者都採用這一術語。很多人願意使用「class」這個詞，但是很遺憾，這會導致與姻族之間的混淆，而我們下文就會涉及姻族。爲了避免這種錯亂，在處理有關著作時，對於其中所有「class」的說法，我們都將替換爲「胞族」。術語的統一將有助於對事實的理解和比較。像這樣一個使用得如此頻繁的術語，如果對其意義能夠達成一致，無論如何都將是一件很好的事情。〔在英譯本中，「胞族」一詞均被羅德尼·尼達姆（Rodney Needham）替換成了「半偶族」（moiety）。他說：「涂爾幹和莫斯用的詞是『胞族』，但他們一直希望能夠用『半偶族』這個詞來作爲統一使用的術語。『胞族』通常是指由一些氏族所組成的群體，一個部落會有兩個以上這樣的群體。當然，涂爾幹和莫斯在描述盧喬人（Loucheux）的社會時（見本書第七十八頁注62），確實使用的是胞族的這樣一種意義，因爲盧喬人的社會就是由三個胞族組成的。」——中譯注〕

結親。部落的整個組織形式可見於下圖：[2]

其中由相同字母標注出來的姻族是保持著聯姻關係的姻族，即A與A′通婚，B與B′通婚。

透過這種方式，部落的所有成員都被劃分到了一個確定的範疇之中，這種範疇是彼此封

2 這一圖式僅代表著我們作爲典型的組織形式。這是最一般的情況。但在某些案例中，這種形式會發生變化。有時候，圖騰姻族和氏族被純粹的地方群體所代替，有時候乾脆既沒有胞族也沒有姻族。——如果想要做得十分完滿的話，我們還必須加上地方群體的劃分，地方群體經常是疊加在以上幾種分支之上的。

閉的。**而事物的分類則再現了人的分類**。

卡梅倫已經觀察到，在塔塔蒂人（Ta-ta-thi）那裡，「宇宙中的所有事物都被劃分到部落的不同成員之中」。他說：「有些部落成員說樹木屬於他們，有些則說平原屬於他們，另一些人則擁有天空、星辰、風、雨等等。」[3]毫無疑問，這些資訊不夠精確。據此，我們無法說出各組事物究竟和哪些人群具有這樣的關係。[4]不過，我們還能找到另外一些事實，它們很能說明問題。

貝林格河（Bellinger River）流域的每一個部落都分爲兩個胞族。根據帕爾默的說法，這種對部落的劃分也同樣被用於對自然的劃分。「全部自然都被劃分到兩個胞族[5]的名下，並且有了男女之別。日月星辰被說成是男人或女人，而且它們也像這些黑人一樣，分別屬

3 Cameron 1885，第三五〇頁。另外，他並沒有斷言只有塔塔蒂是這種情況。他在這些文字前面的一段中提到了一大批部落。

4 不過，這裡涉及的似乎是把事物劃分到圖騰群體中的問題，與我們下文將要討論的問題相似。但這只是一個猜測。

5 原文在此加注，說明已將引文中的「class」替換成了「胞族」，並提醒讀者，此後的同樣替換將不再另行說明。但在英譯本中，尼達姆又將所有的引文都改回到了原來的用詞，即「class」，並在此做了說明。——中譯注

於各個胞族。」[6]在昆士蘭（Queensland）的麥凱港（Port Mackay），有一個與之相當接近的部落，在那裡我們也發現了同樣的分類體系。根據布里奇曼（Briolgeman）對科爾（Curr）、史密斯以及菲森所提問題的答覆，這個部落，就像它的鄰近部落一樣，也分爲兩個胞族，一個叫作「Yungaroo」，另一個叫作「Wootaroo」。事實上，那裡還有姻族，不過，它們似乎對宇宙論觀念並沒有產生什麼影響。相反，按照胞族進行劃分被當成了「一條自然的普遍法則」。根據布里奇曼的說法，科爾指出：「所有事物，不管是生物還是非生物，都被這些部落劃歸到兩個胞族，名之以『Yungaroo』或『Wootaroo』。」[7]又據史密斯的說法，布里奇曼指出：「他們把每種事物都劃入一個胞族。他們會告訴你，鱷魚是Yungaroo而袋鼠是Wootaroo，太陽是Yungaroo而月亮是Wootaroo；星座、樹木以及植物也都一樣。」[8]而菲森則提到：「自然中的每樣事物，都被他們在兩個胞族中加以劃分。風屬於其中一個，雨則屬於另一個。……如果你指出一顆星，他們就會告訴你它是屬於哪一個分支〔胞族〕的。」[9]

6 Palmer 1884，第三〇〇頁；參見第二四八頁。
7 Curr 1886-1887，第三卷，第四十五頁。
8 Smyth 1878，第一卷，第九十一頁。
9 Fison & Howitt 1880，第一六八頁。

這種分類可謂是最簡單的分類，因爲它僅僅分爲兩個部分，每樣事物都被分歸到與兩個胞族相應的兩個範疇中。當事物的劃分不再只以胞族爲框架，而進一步劃分到四個姻族中時，分類體系就變得更複雜了。昆士蘭中北部的瓦克爾布拉人（Wakelbura）就是這種情況。繆爾黑德（Muirhead）是在這一地區居住了很長時間的移民，同時也是一個敏銳的考察者，他曾多次將有關這些民族的組織及其宇宙論的情況轉達給科爾和霍維特。而他的關於這些部落的報告，[10]又被另一個考察者洛維（Lowe）所證實。[11]瓦克爾布拉人分爲兩個胞族，即Mallera和Wutaru；而每個胞族又進一步分爲兩個姻族。Mallera胞族的兩個姻族分別名爲Kurgila和Banbey；Wutaru胞族的兩個姻族分別名爲Wongu和Obù。這些胞族和姻族[12]就「把整個宇宙劃分成了不同的群體」。霍維特寫道：「兩個基本的胞族是Mallera和Wutheru〔即Wutaru〕；**因此**，所有事物都要麼屬於這個胞族，要麼屬於那個胞族。」[13]同樣，科爾也指出，Kurgila和Banbey這兩個姻族所吃的食物叫作Mallera，而Wongoo（即Wongu）和Oboo（即Obù）

---

10 Howitt 1889a，第六十一頁，注③。

11 Curr 1886-1887，第三卷，第二十七頁。

12 〔原作「兩個姻族」。——英譯注〕

13 Howitt 1889b，第三二五頁；1889a，第六十一頁，注③。

這兩個姻族所吃的食物則稱爲Woothera（即Wutaru）。[14]但除此之外，我們還發現了依據姻族的分配。「特定的姻族只允許吃特定種類的食物。例如，Banbey姻族只能食用負鼠、袋鼠、狗、小蜜蜂的蜂蜜等等。指定給Wongoo姻族的有鴯鶓、袋狸、黑鴨、黑蛇、棕蛇等等。Oboo姻族可以享用花斑蟒蛇、螫人蜂的蜂蜜等等。而Kargilla（即Kurgila）姻族則以豪豬、平原火雞之類的東西維生；並且，似乎水、雨、火、雷也屬於他們……而還有數不勝數的各種食物、魚、肉、禽等等，繆爾黑德先生尚未將其列入分配的清單之中。」[15]

---

14 Curr 1886-1887，第三卷，第二十七頁。我們在此已經糾正了科爾的明顯筆誤，他原來寫成了Wongu所吃的食物叫作Obù或Wuthera。不管怎麼看，它也應該寫成Wongoo和Oboo〔涂爾幹和莫斯本來寫的是「Obù和Wuthera」。——英譯注〕可靠一些。〔此處原文注與英譯本的改正似都不甚確切，但正文是很清楚的。——中譯注〕

15 Curr 1886-1887，第三卷，第二十七頁。值得注意的是，每一個胞族或姻族所吃的，似乎都是指定給他們的那些動物的肉；然而，就像我們在下文中將會討論到的那樣，劃歸胞族或姻族的這些動物一般都具有圖騰性質，因而，對於這些群體和個體而言，劃歸給他們的動物是禁止食用的。難道繆爾黑德所提供的相反的事實，恰好指的是圖騰群體儀式性地食用與之相應的圖騰動物時的情況？我們不得而知。也許，在這項觀察中有一些理解上的不當之處。在這種複雜而難於領會的事情上，出錯總是難免的。有必要指出的是，根據一份一覽表，Mallera胞族的圖騰有負鼠、叢林火雞、袋鼠和小蜜蜂，而所有的畜類對於這個胞族的兩個姻族（即Kurgila和Banbey）來說確實都是可以食用的（參見Howitt 1883，第四十五頁；1884b，第三三七頁）。

細究之，對這一部落的描述似乎尚存某些有待確定之處。因爲按照霍維特的說法，劃分所依據的是胞族而不是姻族；這樣，歸於Banbey姻族和Kurgila姻族的事物就全都是屬於Mallera胞族的。[16]然而，這種歧異不僅只是表面上的，而且還相當具有啓發性。事實上，胞族就是屬，而姻族則是種；種可以歸到屬的名目之下，但這並不是說種就沒有自己的名稱。就好比由於貓是屬於四足動物這一綱的，我們因而也可以把貓稱之爲四足動物一樣，屬於Kurgila種的事物也屬於更爲高級的Mallera屬（胞族），並且因而也可以稱之爲Mallera。這說明，我們所討論的分類，已經不再是把事物分成對立的兩大類的簡單的二元分類了；在分出來的每一類事物中已經包含了等級的概念。

這種分類的重要性，在於它已經拓展到了一切生活事實當中。在所有主要的儀式上，都可以見到它的印記。例如，屬於Mallera胞族的巫師在施展其法術時只能使用同樣屬於Mallera胞族的事物。[17]在葬禮上，陳放屍體的支架（如果是Mallera人所用的支架的話）「必須用屬於Mallera胞族的某種樹的木頭製成」。[18]用來覆蓋屍體的樹枝也一樣，如果死者

16 Howitt 1884c，第四三八頁，注②。
17 Howitt 1889b，第三二六頁；1889a，第六十一頁，注③。
18 Howitt 1889b，第三二六頁；參見1889a，第六十一頁，注③。

是Banbey姻族的人，那麼一定要用一種闊葉黃楊的樹枝，因爲這種樹屬於Banbey姻族。[19]而且舉行這一儀式的人也得是該胞族的成員。此外，這種觀念體系也是認識的預先基礎；無論是對夢的解釋、[20]對原因的確認，還是對責任的指定，都是以這些觀念爲前提的。眾所周知，在這種社會中，死亡從來不被視爲是自然事件，不被歸因爲單純的自然力量的作用，而幾乎總是歸結爲某個巫師的巫術力量；對有罪一方的確認構成了喪葬儀式的必不可少的一部分。而在瓦克爾布拉人那裡，正是依據胞族和姻族對事物進行的分類，提供了這樣一種手段，可以昭示出責任人屬於哪一個群體，甚至可以指明就是哪一個個體。[21]戰士們把陳屍架下面及其周圍的土小心撫平，直到連最輕微的痕跡都能看到爲止。第二天，他們再來仔細檢查這塊土地。如果有動物曾經來過，其足跡就很容易被辨認出來；這些黑人從中就能夠推斷出是哪一類人造成了他們親戚的死亡。[22]舉例來說，如果發現的是一條澳洲野犬的足跡，他們就會認爲謀殺者是一個Mallera胞族的Banbey姻族的人，因爲這種動物是屬於這個胞族和

19 Howitt 1884a，第一九一頁，注①。

20 Curr 1886-1887，第三卷，第二十七頁。「一個獨自在外露營的Wongoo人，如果夢到他殺死了一隻豪豬，那麼他就會相信他第二天將會見到一個Kargilla人。」

21 Howitt 1884a，第一九一頁，注①。

22 Curr 1886-1887，第三卷，第二十八頁。

這個姻族的。

問題不啻於此。這種邏輯秩序極其嚴格，這些範疇對澳洲人的心靈有很強的約束力，以致在某些情況下，可以見到一整套按照這些原則加以安排的行動、記號和事物。當成年禮儀典舉行在即，當地群體就會率先召集屬於同一圖騰氏族的其他地方群體，它會送出一支「消息棍」，用以發出通知，而這種消息棍必然和它的傳遞者與持有者屬於同一胞族。[24]這種強制下的協調一致完全不是一種例外情況；幾乎在澳洲的每個地方，信使遞送成年禮的邀請時都要帶著「傢伙」（或是牛吼器〔bull-roarer〕，[25]或是檀丹〔turndun〕，[26]或是儲靈

---

23 科爾甚至還提到，在這種聯繫中，那些動物可以是確鑿無疑的圖騰；但也可以是被指定的食物：「如果一個部落的食譜中包括這種野獸、飛禽或者蟲豸，那麼凶手〔將會〕被認定為是該部落的某個成員。假如是花斑蟒蛇，那麼就是一個Obad人……然後就該考慮究竟是哪一個……Obad人應該是懷疑對象了。」

24 Howitt 1884c，第四三八頁，注②。參見Howitt 1889b，插頁第XIV，圖十三。

25 很多原始民族在儀式中使用的帶有宗教意義的非正式樂器。它一般是由繫著一根繩的薄而長的扁木片構成的，繩的另一端可再繫上一根棍子。牛吼器旋轉時發出旋風似的聲音，旋轉速度不同，音高也不同。有時候也被稱為蜂音器、嗡聲器或旋轉哨。——中譯注

26 澳洲庫爾奈人（Kurnai）的牛吼器英雄之名，亦有圖騰之意。——中譯注

珈〔churinga〕，[27]它們顯然是整個氏族的財產，因而是作爲東道主的群體和作爲客人的群體所共有的。[28]如果發送的消息是要組織一場會獵，那麼所採取的規則也相同。在這種情況下，消息發出的一方、接受的一方、信使、消息棍所用的木材、消息棍上面繪出的獵物以及消息棍所塗的顏色，所有這一切，都要嚴格遵循分類的原則。[29]在霍維特所記述的一個例子中，[30]Obù人所使用的消息棍就是這個樣子的。這種消息棍的木材來自gidyea，是屬於Obù姻族所在的Wutaru胞族的一種金合歡。再現於棍子上的獵物是鴯鶓和沙袋鼠，這都是屬於該胞族的動物。大概出於同樣的原因，消息棍被塗成藍色。於是，發信者、收信者、消息的目的及其書寫、所用的木材，每一樣都是相關的：這成了一條定理。這些觀念對於原始人來

---

27 澳洲中部部落在儀式上使用的一種特殊法器，由小塊木頭或小塊磨光的石頭做成，形狀各異，但一般呈橢圓形或長方形，上面刻有表現該群體圖騰的圖案。有些儲靈珈一端有孔並穿有繩子，類似牛吼器。但無論它們的樣子和使用方式是否相同，它們都是最重要的聖物，能夠激起強烈的宗教情感。每個圖騰群體都或多或少會有這一類珍藏。參見涂爾幹：《宗教生活的基本形式》，第二卷，第一章，第三節。——中譯注

28 例見Howitt 1884c，第四三八頁。

29 Howitt 1889b，第三二六頁；插頁第XIV，圖十五和圖十六。〔涂爾幹和莫斯寫的是「圖二十五、圖十六、圖一三六」；但實際上插頁中只有十七幅圖。在所引用的地方，霍維特僅僅參考了圖十五和圖十六。——英譯注〕

30 Howitt 1889b，第三二六頁。

說，似乎是一種必須被奉爲圭臬的邏輯必然性所決定的。[31]

另一種分類體系更完整，也可能更有特色，它劃分事物的依據不再是胞族和姻族，而是胞族和氏族（或圖騰）。菲森說：「澳洲人的圖騰自有其獨特的價值。不僅僅是人，還有整個宇宙，都可以劃分到各個所謂的部族分支。」[32]其中的原因非常簡單。如果從一個側面

---

31 繆爾黑德明確指出，鄰近部落也遵循這套程序。瓦克爾布拉體系的這種普遍性還可以從羅斯的報告中得到證實，他的報告涉及皮塔皮塔人（Pitta-Pitta）、卡爾卡杜納人（Kalkadoon）、米塔庫迪人（Mitakoodi）和伍納穆拉人（Woonamurra），它們全都是瓦克爾布拉部落的鄰近部落（Roth 1897，第四十七、四十八頁；參見《昆士蘭皇家協會會刊》，一八九七年）。每個姻族都有一套飲食禁忌，這種禁忌也就是「部落可支配的所有食物都要在其成員中進行劃分」。讓我們以皮塔皮塔部落爲例：在這個部落中，Koopooroo姻族的個體不能吃鬣蜥、黃色澳洲野犬、「帶骨」小魚（第五十七頁）；Wongko姻族必須禁食叢林火雞、袋狸、雕鷹、黑色澳洲野犬、「純白」鴨等等；Koorkilla姻族所禁忌的是袋鼠、花斑蟒蛇、鯉魚、一種棕頭闊腹鴨、各種潛水鳥等等；Bunburi姻族所禁忌的是鵪鶉、黃蛇、一種鷹和一種鸚鵡。在此，我們起碼有了一個分類拓展到一組特定對象上的例子，這就是：分類至少已經延及到了獵物。這種分類所依據的模型是部落的四姻族之劃分，或者是羅斯所說的「稚態母系」（paedo-matronymic）的劃分。羅斯似乎沒有考察這種劃分是否還拓展到了自然中的其他事物。

32 Fison & Howitt 1880，第一六七頁。

來說，圖騰制度是依據自然事物（相關的圖騰物種）把人們分成氏族群體，那麼，反過來講，圖騰制度也是按照社會群體對自然事物的分類。菲森接著說：「南澳洲的野蠻人把宇宙看作是一個大部落，他自己屬於其中的一個分支；而所有事物，不管是有生命的還是無生命的，只要是屬於他這一族的，就和他一樣，都是同一機體的一部分。斯蒂沃特先生一針見血地指出，它們『差不多就是他本身的組成部分』。」[33]

有關這些事實，有一個最有名的例子，菲森、史密斯、安德魯．蘭和弗雷澤都先後提到過。[34]這個例子講的是甘比爾山（Mount Gambier）部落，資料來自非常熟悉該部落情況的斯蒂沃特。這個部落分爲兩個胞族，一個叫作Kumite，另一個叫作Kroki——這兩個名字在整個南澳洲都很通行，而且意義也都相同；每個胞族本身又分爲五個母系的圖騰氏族。[35]事物就是在這些氏族中進行劃分的。任何氏族都不能吃劃歸該氏族的所有可以食用的東西。

---

33 Fison & Howitt 1880，第一七〇頁。參見Smyth 1878，第一卷，第九十二頁，他很清楚並且強調了這一事實的重要性，他說，就此而言，「還有大量問題有待查清」。

34 Smyth 1878，第一卷，第九十二頁；Fison & Howitt 1880，第一六八頁；Lang 1896，第一三二頁；Frazer 1887，第八十五頁；Curr 1886-1887，第三卷，第四六二頁。我們的論述所依據的是科爾以及菲森與霍維特的著作。

35 Curr 1886-1887，第三卷，第四六一頁。

「一個人不能把與他同屬一個次級分支的動物殺掉，也不能以之為食。」[36]但是，除了這些禁食的動物甚至還有禁食的植物以外，[37]每個胞族還都分有各種各樣的不計其數的事物。

「Kumite胞族與Krokee〔Kroki〕胞族各分作五個次胞族〔即圖騰氏族〕，在每個次胞族的名目下都分列有一些事物，他們將這些事物稱之為『tooman』，即肉，或『wingo』，即朋友。自然中的所有事物都屬於這十個次胞族中的一個。」[38]雖然科爾只是舉出了幾個例子，但由此可以看出，某些事物就是以這種方式進行分類的。

在Kumite胞族諸圖騰中，[39]第一個圖騰[40]是「Mula」，即魚鷹；屬於這一圖騰的，或者按照菲森與霍維特的說法，包括在這個圖騰之內的，有菸、忍冬、樹木等等。[41]

第二個圖騰是「Parangal」，即鵜鶘；屬於該圖騰的有一種木質呈黑色的樹、狗、火、冰等等。

---

36 Stewart，見Fison & Howitt 1880，第一六九頁。

37 Curr 1886-1887，第三卷，第四六二頁。

38 Curr 1886-1887，第三卷，第四六一頁。

39 科爾坦言這只是些例子。

40 這種說法絕不意味著存在氏族的等級體系。菲森所給出的順序與科爾是不一樣的，我們採取了菲森的順序。

41 每個圖騰的名字前面原本有一個首碼「Burt」或「Boort」，意思是「幹的」。在此我們將其略去。

第三個圖騰是「Wa」，即烏鴉，歸入其下的有雨、雷、閃電、雹、雲等等。第四個圖騰是「Wila」，即黑色鳳頭鸚鵡，與之相關的是月亮、星星等等。最後一個圖騰是「Karato」（無毒蛇），屬於它的有魚、纖維內皮桉樹、鮭魚、海豹等等。[42]

對於Kroki胞族的那些圖騰，我們了解得較少。我們僅僅知道其中三個氏族的情況。與「Werio」（即茶樹灌木）圖騰聯繫起來的有鴨子、沙袋鼠、母雞、淡水龍蝦等等；和「Murna」（一種可食的樹根）[43]圖騰歸到一處的是小飛蟲、dolvich（一種小袋鼠）、鵪鶉等等；劃入「Karaal」（白色無冠鸚鵡）[44]圖騰的有袋鼠、一種類似櫟樹的植物、夏天、太陽、秋天（陰性）和風（陰性）。

於是，我們觸及到了一個比前者更複雜、更廣泛的體系。前一種體系的分類只是分成兩

---

42 「等等」表明劃入這一圖騰之下的事物遠不只於此。

43 據科爾說，這個氏族的圖騰應該是火雞（laa），而與之相關的事物中倒是包括幾種可以食用的根莖。這種歧異不足爲奇。這只能說明，在劃歸到氏族的那些事物中，到底什麼才是整個這一組事物的圖騰，往往是很難確定的。

44 菲森說圖騰是黑色鳳頭鸚鵡，無疑這是錯的。因爲科爾直接照搬了斯蒂沃特的資料，他說是白的，那就很可能是白的。

個基本的屬（胞族），每個屬各由兩個種（姻族）組成；而現在，問題已經不再這麼簡單了。當然在這裡，基本的屬也同樣是兩個，然而每個屬中種的數量卻大大增加了，因爲氏族的數量可以有很多。不過，與此同時，在這種更加分化的分類組織中，最初的混淆狀態也露出了苗頭，人類的心靈正是從這種狀態中發展出來的。儘管互有區別的群體增多了，但是，在每一個基本的群體內部，還依然是一種混沌不清的局面。劃歸一個胞族的事物與劃歸另一個胞族的事物截然相分，屬於同一胞族中的不同氏族的事物也是一樣歷歷分明。然而，納入到同一氏族中的所有事物，在很大程度上卻未曾分化。它們具有相同的本性；在它們之間，並不像我們的分類情況那樣，存在一種最終的各個變種之間涇渭分明的分界線。氏族中的個體，圖騰物種中的各種動物以及各種與之有關的物種，都不過是同一實在的不同方面而已。誠然，施加在原始的混沌表現之上的社會劃分，確實將其分割成了一定數量的界線明確的分支；但是，在這些分支的內部，卻仍然保持著相對模糊的狀態，這種情況顯示，分類功能的確立是何等緩慢與艱難啊！

在有些案例中，我們或許有可能體會出建構這些群體所依據的基本原則。例如，在甘比爾山部落，太陽、夏天和風都與白色鳳頭鸚鵡圖騰聯繫在一起，而月亮、星辰和流星則委諸黑色鳳頭鸚鵡圖騰。這些豐富多彩的表現之所以被相互對應地加以安排，是因爲它所依據的界線似乎就是顏色。與此類似，正因爲烏鴉的顏色很特別，所以它自然而然地包括了雨，繼而包括了冬天和雲，以及電閃和雷鳴。當斯蒂沃特詢問一個土著，牛應該屬於哪一個分支的時候，那個土著經過一番思索後回答道：「它吃草，所以它是Boortweiro」，也就是說，是屬於茶樹灌木氏族的，這個氏族大概包括了所有草地和所有食草動物。[45]不過，這很可能是黑人一時的解釋，以便自己肯定自己的分類，並還原到他所遵循的一般的原則。更何況，這些問題對他來說往往是出其不意的，他經常不得不求助於傳說來回答所有問題。

導致範疇得以確立的根據已經被遺忘了。然而，範疇本身還一直存在著，並或準確或牽強地被應用在某些新的觀念上、應用在像閹牛這樣的最近才引入的新事物上。[46]對於其中體現出的我們所未曾注意的眾多關聯，我們大可不必過於驚訝。因爲那邏輯是完全不同於我們的邏輯所產生的結果，它們所遵循的法則是我們料想不到的。

沃喬巴盧克人（Wotjobaluk）也提供了類似的例子。這個部落位於新南威爾斯（New South Wales），是澳洲最開化的部落之一。我們的資料都來自霍維特，其可靠性是眾所周

---

45 Fison & Howitt 1880，第一六九頁。〔其實土著可能只是一個猜測，但涂爾幹和莫斯據此寫道：「因此它是Boortwerio」，這樣就把它變成了一個明確的推論；而且他們還把這半句話放到了引號裡面，就好像這是說話者本人的進一步說明似的。——英譯注〕

46 〔涂爾幹和莫斯把這句話放在了引號中，並說是引自Fison & Howitt 1880，第一六九頁；然而原書中根本沒有這句話。——英譯注〕

知的。[47]該部落分爲Krokitch和Gamutch兩個胞族，[48]霍維特說，實際上似乎所有自然事物都是在這兩個胞族之間進行劃分的。正如土著所言，「它們屬於它們〔胞族〕」。不僅如此，每個胞族又分爲幾個氏族。透過舉例的方式，霍維特提到了Gamutch胞族中的熱風氏族、白色無冠鸚鵡氏族和屬於太陽之物的氏族；以及Krokitch胞族中的聾蛇氏族、黑色鳳頭鸚鵡氏族和鵜鶘氏族。[49]不過，這還僅僅是些例子，他說：「我僅以每個胞族中的三個圖騰爲例，但實際上還有很多；Krokitch胞族有八個圖騰，Gamutch胞族至少有四個。」[50]而在每個胞族中，事物的分類則是在組成該胞族的所有氏族中進行的。就像基本的分支〔胞族〕又被分割成一定數量的圖騰分支一樣，所有劃歸胞族的事物也要在這些圖騰之間進行劃分。於是，每個圖騰都占有一些自然事物，這些事物並不全都是動物，還包括星辰、火、風等等。[51]對於這樣劃分到各個圖騰的事物，霍維特稱之爲「次圖騰」（sub-totem）或「僞圖

47　Howitt 1889a，第六十頁及以下諸頁。

48　這兩個名字與甘比爾山部落的胞族名Kroki和Kumite的親緣關係是很明顯的，這證實了這種分類體系是確鑿可信的，因爲在相距甚遠的地點都能夠發現這一體系。

49　Howitt 1885，第八一八頁。

50　Howitt 1885，第八一八頁；Howitt 1889a，第六十一頁。

51　Howitt 1889a，第六十一頁。

騰」（pseudo-totem）。例如，白色鳳頭鸚鵡圖騰包括十五個次圖騰，而熱風圖騰包括五個次圖騰。[52]最後，分類甚至達到了這樣的複雜程度：有時候還能發現有第三級的圖騰從屬於第二級的圖騰。例如，Krokitch胞族包括了鵜鶘分支（圖騰）；鵜鶘分支又是由一些更爲次級的分支（次圖騰，分歸到這一圖騰的各種事物）組成的，其中就有火；而火本身還包括了一些信號（可能是用來助火燃燒的）作爲第三級的分支。[53]

這種奇異的觀念組織是與社會組織並行的，而且與我們在甘比爾山的那些部落中所發現

---

52 Howitt 1885，第八一八頁。

53 從組成這種次級分支（次氏族）的個體對自身的稱呼來看，意思很明白：「我們是溫暖的（warming）。」（Howitt 1889a，第六十一頁）〔涂爾幹和莫斯在此把英文看錯了，其實是「我們發出警告（warning）」，法文應該譯作「nous avertissons」。霍維特說，之所以取這樣的名字，「是因爲火……是他們的僞圖騰之一」（第六十一頁）。這裡根本與信號無關。——英譯注〕要想確切地認識這種分類的複雜性，還應該考慮到一個因素：事物不僅僅是在活人的氏族中進行分配的，死者也分成氏族，也有他們自己的圖騰，因而也有劃歸這些圖騰的屬於他們自己的事物。這些可以稱之爲冥世圖騰（mortuary totem）。例如，一個Ngaui（太陽）圖騰的Krokitch人死後，他就喪失了他的名字，也不再是Ngaui了，而是變成了「Mitbagragr」，即澳洲油桉樹的樹皮（Howitt 1889a，第六十四頁）。另一方面，在生者的圖騰和死者的圖騰之間，還存在著一種依賴關係：他們都屬於同一個分類體系。

的觀念組織完全類似，它不過顯得更複雜一些而已。這一組織既是按照姻族劃分的，也是按照一分爲二的兩個胞族進行劃分的；前者與我們在昆士蘭觀察到的情況完全一樣，而後者實際上見於各個地方。[54]我們已經以一種客觀的方式對這一體系的不同變種進行了描述，說明了它們在這些社會中的功能；那麼，如果我們能知道澳洲人自己是怎麼來看待這種分類的，他們對經過這樣分類的各組事物之間的關係有著什麼樣的觀念，那將是很有意義的事情。這樣我們會進一步認識到原始人的邏輯觀念到底是怎麼一回事，以及這些邏輯觀念究竟是怎樣形成的。我們正好掌握有沃喬巴盧克人的資料，這將有助於我們澄清其中的某些問題。

不出我們所料，這種表現呈現爲諸多不同的側面。

首先，對個體而言，這種邏輯關係或多或少地被構想爲密切的親屬關係。在單純按照胞族進行分類，而沒有進一步進行次級劃分的情況下，每個人都把自己看作是劃歸到他所屬的

---

54 當然，人們同時也分屬於性別群體，而且這兩個群體是涇渭分明的，但至於這種情況對於把事物劃分成不同的屬會有什麼影響，我們暫且未給予考慮。不過，只要每個性別都各有其自己的圖騰，那麼它的影響還是不容忽視的。這裡我們僅限於指出這個問題，弗雷澤對這個問題曾有研究（見《社會學年鑑》，第四卷，一九〇一年，第三六四—三六五頁）。

那個胞族的事物的親戚，在相同的名頭之下，它們全都是他的骨肉、他的朋友；然而，對於另一胞族的事物，他卻有著另外一種完全不同的感受。而當在這種基本的劃分上又加上了姻族或氏族以後，這種親屬關係也便發生了分化。例如，甘比爾山部落的Kumite胞族的人，覺得Kumite的所有東西都是他的，其中屬於他的圖騰的那些東西更親近些，它們與他的親屬關係也更密切。霍維特說：「胞族名字是一般性的，而圖騰名字在一定意義上則是個體的，因爲與個體所屬的胞族共同體的名字相比，圖騰名字當然要與他更近一些。」[55]於是，事物被想像成排列在一系列以個體爲中心的同心圓之上；距離越遠的圓，對應的是越廣泛的屬，而且，組成該屬的事物與這個個體也越疏遠；圍繞著他，那些事物漸漸形成了差別。所以就食品而言，只有離他最近的那些才是被禁止食用的。[56]

在其他情況下，這種關係被認爲是所有者與所有物之間的關係。據霍維特說，圖騰與次圖騰之間的區別如下：「兩者都稱之爲『mir』，不過，我考察過一個Krokitch人，他的名字『Ngaui』取自太陽〔確切意義上的圖騰〕，他擁有Bunjil〔一個次圖騰〕，即某

55 Howitt 1885，第八一九頁。

56 參見本書第二十三頁注43，關於甘比爾山部落的部分。

顆恆星……眞圖騰擁有他，而他則擁有僞圖騰。」[57]與之類似，一個Wartwut（熱風）氏族的成員「特別強調」五個次圖騰中有一個圖騰，即Moiwuk（花斑蟒蛇）「是『屬於』他的」。[58]準確地說，次圖騰並不爲這個個體本身所據有，而與附屬於主圖騰（principal totem）的個體一樣都屬於主圖騰。就此而論，個體只是一個中介。只是因爲他體內含有這一圖騰（該氏族的所有成員均是如此），所以他對於劃歸該圖騰的事物才有了一種所有權。此外，從一定意義上說，在我們剛才所引用的論斷背後，也隱含著我們前面所分析的概念中的某些成分。因爲「專門屬於一個個體的」事物，也就是和他最親近、關係最特殊的事物。[59]

誠然，在某些情況下，澳洲人確實好像是以完全相反的順序來構想事物的等級的，也就是把最遠的當成最重要的。比如我們剛才提到的那個以太陽（Ngaui）爲圖騰、以

57 Howitt 1889a，第六十一—六十二頁，第六十四頁。〔「取」和「擁有」是涂爾幹和莫斯所強調的。——英譯注〕

58 Howitt 1885，第八一九頁。

59 前文只講到次圖騰和圖騰的關係，而沒有論及圖騰和胞族之間的關係。不過，很顯然，人們構想後者的方式肯定和前者一樣。我們之所以沒有拿出一定的篇幅來專門討論這個問題，是因爲在這些部落中，胞族已經不再發揮重要作用了，已經不再是這些部落所要考慮的頭等大事了。

星星（Bunjil）為次圖騰的土著，說「他是Ngaui，而非Bunjil」。[60]而另一個圖騰是Wartwut（熱風）、次圖騰是Moiwuk（花斑蟒蛇）的土著，則如他的同伴所說的那樣，是「Wartwut，**在部分上**也是Moiwuk」。[61]他只有一部分是花斑蟒蛇。霍維特的另一段論述想要說的也是這個意思。沃喬巴盧克人通常有兩個名字，一個是他的圖騰，另一個是他的次圖騰。前者確確實實是他的名字，而後者則「稍遜一籌」，[62]處在次級的地位上。實際上，這意味著，對個體來說，最本質的東西並不是與他最密切的東西，並不是與他的個體人格牽涉最多的東西。人的本質是人性。澳洲人的本質就在於他的圖騰，甚至在於他的胞族所特有的那些事物，而不在於他的次圖騰。因而，這種情況與我們的上述評論毫無矛盾之處。分類仍然是以相同的方式構想出來的，這裡，我們不過是從另外一個角度來看待分類的構造關係而已。

60 見本書第二十九頁。

61 Howitt 1889a，第六十三頁。〔加粗字為原作者所加。——英譯注〕在文獻中，花斑蟒蛇的名字為Moiwiluk，這與Moiwuk是一回事。

62 Howitt 1889a，第六十一頁。

二　其他澳洲體系

既然這種分類類型已確立，那麼現在，我們就應該盡可能地去嘗試確定它的普遍性特徵了。

從事實出發，我們不能說這種分類類型見於澳洲各處，亦不能說它的劃分方式就一定像部落組織那樣也分爲胞族、姻族和圖騰氏族。我們相信，如果在一些澳洲社會中仔細搜尋，無疑將會發現這種分類類型，它們或者非常完備，或者具有別樣的形式，此前我們從來沒有注意到它們的存在；但是，在這種觀察尚未實施的情況下，我們並不想對觀察的結果妄下斷言。不過，就我們已經掌握的資料而言，我們還是可以肯定，這種分類類型是或者曾經是廣爲流傳的。

首先，在很多個案裡，我們不僅已經直接觀察到了這種分類的形式，同時對次級圖騰也有所發現和記述；我們知道，後者正是這種分類的前提條件。新幾內亞（New Guinea）附近的托雷斯海峽群島上的部落即是突出一例。在基瓦伊人（Kiwai）那裡，近乎所有的氏族都以植物物種爲圖騰（miramara），其中一個以棕櫚樹（nipa）爲圖騰的氏族，就把生活在這種樹上的螃蟹作爲次級圖騰。[1]在馬布亞哥島（Mabuiag，托雷斯海峽西部一島），[2]我們發現了一個有很多氏族組織也分作兩個胞族：小augŭd（圖騰）胞族和大augŭd胞族。它們一個是陸胞族，一個是海胞族；一個在下風向宿營，一個在上風向宿營；一個朝向東南，一個朝向西北。海胞族的圖騰是儒艮[3]和一種哈登稱之爲犁頭鰩的動物；而陸胞族的圖騰是鱷魚、蛇和鶴鴕，其中除了鱷魚是兩棲動物以外，全都是陸生動物。[4]顯然，這裡存在著分類的重要跡象。不僅如此，哈登還明確地提到了「次級的，或者更確切地說是附屬的圖騰」：錘頭鯊、鯊魚、龜和黃貂魚等等諸如此類的東西屬於海胞族，而狗則屬於陸胞族。另外，還有兩種次圖騰也屬於陸胞族，它們都是由玳瑁殼製成的月牙形的裝飾品。[5]考慮到圖騰制度在這些島嶼上已經完全衰落，我們似乎就更有理由認爲這些事實是一種更完整的分類體系的遺跡了。況且，在托雷斯海峽群島的其他地方，在新幾內亞的內陸，完全可以找到與

---

1 Haddon 1901，第一○二頁。

2 從哈登的記述中（一九○一，第一○二頁；一八九○，第三十九頁），我們知道圖騰制度只見於西部的群島，而不見於東部諸島。

3 一種狀似鯨的海獸。——中譯注

4 Haddon 1901，第一三二頁。不過，我們這裡所給出的胞族的名字並不是哈登取的。

5 Haddon 1901，第一三八頁；參見Rivers 1900，第七十五頁及以下諸頁。

之類似的組織。關於塞拜島（Saibai，海峽中的一島）和道代人（Daudai）的報告，就清楚地記述了劃分成胞族、每三個氏族爲一組的基本原則。[6]

如果能夠辨明默里、梅爾（Mer）、韋爾（Waier）、道亞爾（Dauar）諸島[7]上的這種分類的遺蹤，那對我們將是很大的誘惑。不過，我們並不打算像亨特那樣去描述這些社會組織的細節，而主要關注以下事實：在這些民族中存在著一些圖騰，每一種圖騰都會把各種各樣的力量賦予屬於該圖騰的個體，這些力量可以支配不同種類的事物。例如，鼓圖騰族具有這種力量：他們有權舉行一種包括模仿狗和敲打鼓等活動的儀典；他們能夠提供一位巫師，來確保龜的繁殖、保證香蕉的收成，或從蜥蜴的活動中占卜出凶手的身分；同時，實行蛇塔布（taboo）的也是他們。於是，我們可以很有把握地說，就某些方面而言，除了鼓本身以外，蛇、香蕉、狗、龜和蜥蜴也都屬於鼓氏族。至少在一定程度上，所有這一切都在該群體的控制之下，因而，它們和鼓基本上是同義的，都屬於同一個存在類別。[8]

---

6 Haddon 1901，第一七一頁。

7 Hunt 1899，第五頁及以下諸頁。

8 我們將對這一事實給予特別的關注，因爲藉此可以做出概括性的評論。只要一個氏族或者一個宗教兄弟會能夠對幾種不同的事物施加巫術——宗教力量，我們就應該考慮到，這是不是一條顯示以前的分類曾把這些不同的事物劃給了這個社會群體的線索。

澳洲人的星象神話也帶有這種心靈體系的印記。實際上，這種神話也是以圖騰組織為模型的。差不多每個地方的黑人都說某顆星星是某個特定的祖先。[9]就像一個個體可以被認同為某顆星一樣，我們也完全可以說一個胞族、姻族或者氏族屬於某顆星。如此這般，這顆星就被分類到了一個既定的群體之中：它將被認作親屬，並被指定一個確切的社會位置。可以肯定，在我們發現了形形色色的劃分為胞族和氏族的分類體系的那些澳洲社會中，也能夠找到這種神話概念；也就是說，在甘比爾山部落、沃喬巴盧克部落和維多利亞（Victoria）北部的那些部落中，都存在著這種概念。霍維特說，太陽，就是一個Krokitch胞族的太陽氏族的女人，她每天都在尋找她丟失了的小兒子。[10] Bunjil（北落師門星）[11]在升天之前，是Krokitch胞族的一個威力強大的白色鳳頭鸚鵡。它有兩個妻子，根據外婚制的規則，她們自然要屬於與之相對的胞族，即Gamutch胞族。她們都是天鵝（可能是鵜鶘的兩個次圖騰），

9 關於這一論題的資料是如此豐富，以至於我們無法把它們全部援引出來（見Curr 1886-1887，第一卷，第二五五、四〇三頁；第三卷，第二十九頁）。這種神話極其普遍，連歐洲人也往往相信星星就是死者的靈魂。〔參見Louis Rougier，*La Religion astrale des Pythagoriciens*，巴黎，一九五九年，第一〇二頁。——英譯注〕

10 Howitt 1887，第五十三頁，注②。

11 即南魚座 α星。——中譯注

本身也都是星辰。[12]沃喬巴盧克人的親族沃伊伍龍人（Woiworung）相信，[13]Bunjil（胞族名）曾和他那些現如今都已是圖騰存在（同時既是人也是獸）的兒子們[14]一起，隨著一陣旋風升入了天空。與沃喬巴盧克的情況一樣，Bunjil也是北落師門星，而他的每個兒子也都是星辰，[15]其中有兩個分別是南十字星中的α星和β星。距這兩個部落稍遠一些，在南昆士蘭的米庫隆人（Mycooloon）中，[16]靠近南十字星的星雲分給了鴯鶓圖騰，獵戶的腰帶屬於Marbarungal氏族，而流星則屬於Jinbabora氏族。一旦有流星飛落，它將擊中一棵gidyea樹，並且變成一棵gidyea樹。這顯示，這種樹本身也和該圖騰有關。月亮從前是一位戰士，但是我們尚不能說出他的名字或者他是屬於哪一個類別的。天空中列滿了祖先，他們都來自幻想的時代。

下文中我們所要討論的阿蘭達人，也採用了同樣的星象分類。對他們來說，太陽是一個Panunga姻族的女人，並且是由Panunga-Bulthara胞族來負責有關它的宗教儀典的。[17]它留

12 Howitt 1886，第四一五頁，注①；1889a，第六十五頁，注③。
13 Howitt 1889a，第六十六頁。
14 Howitt 1889a，第五十九頁；參見第六十三頁，注②。他們還對應於五個手指。
15 Howitt 1889a，第六十五頁。
16 見Palmer 1884，第二九三、二九四頁。
17 舉行這個儀典的那些人必須是，或者至少大多數是來自於這一胞族的（Spencer & Gillen 1899，第五六一頁）。

在地上的後裔不斷轉世，[18]形成了一個獨特的氏族。不過，這個情節肯定是神話傳說後來發展的產物，因爲與太陽有關的聖典，主要是靠屬於袋狸圖騰群體的人和屬於大蜥蜴圖騰群體的人來實施的。這意味著，太陽從前肯定是Panunga姻族、袋狸氏族的成員，並且生活在大蜥蜴地區。此外，我們還知道，他的姐妹們也是這樣。她們和他融合在一起。他是她們的「小孩」、「她們的太陽」；簡言之，她們都是他的分支。至於月亮，在兩個不同的神話中都與負鼠氏族有關。在一個神話中，它是這個氏族的一個男人；[19]在另一個神話中，月亮還是月亮，但卻是從這個氏族中的一個人那裡被偷走的，[20]正是那個人爲月亮指定了路線。確實，我們還無法說出月亮是屬於哪個胞族的，但是，從氏族可以推測出胞族，至少可以推測出它原則上應該是阿蘭達的一個胞族。關於晨星，我們知道，它屬於Kumara姻族；每天傍晚，它都要隱藏在「大蜥蜴」區域內的一塊石頭中，它和「大蜥蜴」似乎緊密相關。[21]同

18 眾所周知，在阿蘭達人看來，每次誕生都是這種神話祖先〔阿爾徹靈迦，alcheringa〔阿爾徹靈迦時代是澳洲土著神話中的黃金時代，其字面意義爲「夢的時代」，該詞亦指阿爾徹靈迦時代的神話祖先。——中譯注〕〕的精靈轉世。

19 Spencer & Gillen 1899，第五六四頁。

20 Spencer & Gillen 1899，第五六五頁。

21 Spencer & Gillen 1899，第五六三頁最後。

樣，火與鴯鶓圖騰也密切地聯繫在一起。是鴯鶓氏族的一個人在叫作鴯鶓的這種動物中發現了火。[22]

最後，在很多案例中，我們也發現了這種分類，不過它們並不是直接地表現出來的，它們在形式上與我們剛才所描述的情況有所不同。由於社會結構發生了變化，這種體系的組織也有了改變，然而，形式的改變還沒有達到完全無法辨認的程度。更何況，這種變化在部分上也是由於分類本身造成的，所以，變化甚至有助於把分類揭示出來。

分類的獨特之處在於，其觀念是根據社會所提供的模式組織起來的。然而，集體心靈的這種組織一旦存在，它就能夠反作用於它的原因，並促使原因發生變化。我們已經看到，劃分到同一氏族中的不同物種是如何成爲這個氏族的次級圖騰的。也就是說，在一個氏族中，一部分特定的個體，在某種我們尚不知曉的原因的影響下，感到他們和歸屬整個氏族的某些事物具有更爲特殊的關係。當氏族過於龐大的時候，它就傾向於分成幾個環節，而且這種現象是沿著分類所劃出的界線發生的。我們必須清醒地認識到，實際上，這種脫離必然是帶有革命或騷亂色彩的運動所產生的結果。通常情況下，這種情況的發生似乎確有一套完整的邏輯程序。在大量的案例中，都是像這樣先形成胞族，然後再分裂爲氏族的。在很多

22 Spencer & Gillen 1899，第四四六頁。

澳洲社會中，胞族都相互對照、勢不兩立、黑白分明，[23]就像托雷斯海峽群島部落中的陸胞族和海胞族那樣；[24]而由於氏族是在同一個胞族內形成的，所以它們就有邏輯上的關聯。例如，與烏鴉同屬於一個胞族的往往不是別的，而是雷、雲和水。[25]同樣，當一個氏族變得也有必要發生分裂的時候，以該氏族的某一事物為中心的一組個體就會與氏族中的其他人分離開來，形成一個獨立的氏族；於是，次圖騰就變成了圖騰。不僅如此，這一過程還會周而復始、永遠不斷地繼續下去。透過這種途徑將自己解放出來的次氏族，將會以理想的態度來對待特定的事物，不僅把這種事物當作圖騰，而且還把它看作是與本氏族休戚與共的東西。同樣，在這個新氏族中，一旦時機成熟，原本充當次圖騰角色的那些事物，又會成為隨後產生的新一輪分裂所圍繞的中心。

沃喬巴盧克人的資料，也有助於我們比較透澈地理解關於分類的這種現象。[26]霍維特告

---

23 見本書第二十五—二十七頁。

24 見本書第三十二—三十四頁。

25 霍維特對於從既定胞族中劃分出的氏族名單所進行的研究，令人信服地顯示了這一點（1883，第一四九頁；1889a，第五十二頁及以下諸頁；1884b）。

26 霍維特正是從這個觀點出發來研究沃喬巴盧克部落的；由於這種分裂現象，同一種事物往往有時候具有圖騰性質，有時候又具有次圖騰性質，所以很難制訂一份氏族及圖騰的確切清單。

訴我們，有些次圖騰就是處在形成過程中的圖騰。[27]「它們獲得了一種獨立性。」[28]例如，對某些個體來說，白鵜鶘是圖騰，太陽是次圖騰，而對另一些人來說則恰好相反。這或許是因爲，這兩種標記原本分別是先前一個氏族中的兩個環節的次圖騰，這個氏族的舊名字已經廢棄了，[29]而劃歸該氏族的事物中則包括了鵜鶘和太陽。隨著時間的流逝，這兩個部分從它們共同的主幹上分離出來；其中一個以鵜鶘爲主圖騰，把太陽置於次要的地位，而另一個則採取了相反的做法。在另一些案例中，這種分裂現象並不能被直接地觀察到，而體現在把源自同一氏族的那些次氏族聯合在一起的邏輯關係之中。對此，我們將結合某些美洲社會的例子，在下文進行專門的討論。[30]

我們很容易看到，這種分裂將會給分類帶來什麼變化。只要那些出自同一原初氏族的次

27 Howitt 1889a，第六十三頁，尤其是第六十四頁。

28 Howitt 1885，第八一八頁。

29 Howitt 1889a，第六十三、六十四頁。

30 見本書第五十六—五十八頁。這種分裂現象，以及由此產生的圖騰和次圖騰的等級變動，或許可以解釋這些社會體系的一個有趣的特點。我們知道，尤其在澳洲，圖騰通常都是動物，以非生物體爲圖騰的情況極其罕見。很可能圖騰原本都是取自動物界的，而非生物體是劃分到這些原初圖騰之下的，隨著分裂現象的發生，它們最終升格成了主圖騰。

氏族還保留著對共同起源的記憶，就會感到它們是親戚和盟友、就會感到它們只是同一個整體的不同部分。因此，它們的圖騰以及分歸這些圖騰的事物，就仍然在一定程度上從屬於整個氏族的共同圖騰。然而，時光流逝，這種情感亦會隨之消失。每個環節的獨立性日趨增強，這種獨立性最終變成了完全的自主性。而把所有這些氏族和次氏族聯合成一個胞族的紐帶，則更容易鬆弛下來。最後，整個社會化作了分立出去的一個個自主的小群體，它們完全平等，彼此互不隸屬。結果，自然而然地也導致了分類的變化。屬於每個次級分支的各種事物，而今形成了許多完全處在同一水準上的相互分立的屬，所有等級的跡象統統消失了。不難想像，在這些小氏族中，還會留有原有等級的痕跡。以前與次圖騰有關的那些事物，在這個次圖騰變成圖騰以後，仍然會繼續從屬於它。不過，首先，由於這些小群體是分裂而成的，所以分歸它的東西不可能那麼多。其次，無論分歸它的東西實際上有多少，每個次圖騰最終都將晉升到圖騰的尊貴地位，各個種和從屬於種的各個變種都將成爲主要的屬。所以，舊有的分類將被不帶任何內部組織的簡單劃分所取代，被一種「按人頭」（per capita）而不是按起源對事物進行的劃分所取代。不過，與此同時，由於這種分類是在爲數眾多的群體之間進行的，所以它實際上依然會囊括整個宇宙。

阿蘭達社會正處在這種情形之中。他們沒有完全的分類，沒有整合的體系。然而，我們卻看到斯賓塞和吉蘭這樣寫道：「事實上，在土著所占據的地區中，無論是生物還是非生物，幾乎沒有一樣東西的名字，是未曾被用作某個圖騰群體的名字的。」[31]他們在著作中提到了五十四個物種，作為五十四個圖騰群體的圖騰；而且，這兩位作者並沒有打算提出一個完整的圖騰清單，如果我們把散見於書中各處所指出的圖騰也算上的話，那麼圖騰的數目無疑遠遠不止於此。[32]而阿蘭達肯定是分裂進程已經達到極致狀態的部落之一；因為，隨著這

---

31 Spencer & Gillen 1899，第一一二頁。

32 把這些圖騰抄錄於此也許對我們有所幫助。從根本上來說，我們的排列沒有什麼特殊的順序：風、太陽、水或雲（第一一二頁），鼠、維切提蠐螬、袋鼠、蜥蜴、鴯鶓、hakea花（第一一六頁），雕鷹、elonka（一種水果）、一種木蜜、山貓、irriakura（一種球莖）、蝴蝶幼蟲、袋狸、ilpirla木蜜、蜜蟻、蛙、chankuna漿果、李樹、irpunga魚、負鼠、澳洲野犬、岩大袋鼠（第一六七頁及以下諸頁），小夜鷹（第二三二頁），花斑蟒蛇（第二四二頁），大白蝙蝠（第二九九頁），小蠐螬（第三〇二頁），草籽（第三一一頁），interpitna魚（第三一六頁），coma蛇（第三一七頁），當地野雞、一種馬斯登尼亞（Marsdenia）果（第三二〇頁），袋鼬（第三二九頁），昏星（第三六〇頁），大蜥蜴、小蜥蜴（第三八九頁），小鼠（第三八九、三九五頁），alchantwa種子（第三九〇頁），另一種小鼠（第三九六頁），小鷹（第三九七頁），okranina蛇（第三九九頁），野火雞，喜鵲、白蝙蝠、小蝙蝠（第四〇五頁）。有些氏族還以某種種子和大甲蟲為圖騰（第四一一頁）。此外，還有inturrita鴿（第四一〇頁），水生甲蟲（第四一四頁），鷹（第四一六頁），鵪鶉、犬蟻（第四一七頁），兩種蜥蜴（第四三九頁），釘尾沙袋鼠（第四四一頁），另一種hakea花（第四四四頁），蒼蠅（第五四六頁），以及鐘聲鳥（第六三五頁）。

個社會結構的變化，所有能夠使之受到約束的藩籬都已經不復存在了。在我們已經描述過的某些原因的影響下，[33]阿蘭達的圖騰群體很早就放棄了他們先前曾經囿於其中的自然框架，這個自然框架即是胞族的框架，它一度曾是該部落的骨骼。於是，阿蘭達的圖騰群體不再嚴格地定位在一個特定的二分之一部落中，而是在整個社會的範圍內自由擴散。就這樣，它們變得與有規則的社會組織格格不入，差不多降到了私人聯合體這樣一種水準，幾乎可以無窮無盡地增殖和細分。

這種分崩離析的狀況還在繼續。實際上，正像斯賓塞和吉蘭所說的那樣，確實有一些物種在圖騰等級體系中的地位還很不確定；還無法知道它們究竟是主圖騰還是次圖騰。[34]這意味著那些群體還處在變動的狀態中，就像沃喬巴盧克的氏族一樣。另一方面，目前，在相互獨立的氏族圖騰之間，有時候也存在著某種聯繫，能夠表明它們從前肯定是被劃分到同一氏族之中的。hakea花和山貓就屬於這種情況。山貓人刻在儲靈珈上的標記所表現的，或單純

33 《社會學年鑑》第五卷，一九〇二年，第一〇八頁及以下諸頁。

34 例如，斯賓塞和吉蘭就不十分肯定沙雞到底是圖騰還是次級圖騰（第四一〇頁和第四四八頁）。同樣，各種蜥蜴的圖騰價值也尚未得到確定：例如，創造了最早的人的神話存在就屬於蜥蜴圖騰，而後它們自己又變成了另外一種蜥蜴（第三八九頁）。

表現的是開著hakea花的樹。[35]根據神話，山貓在上古時代曾經以hakea花爲食；而原初的圖騰群體往往都被認定以其圖騰爲生。[36]這說明，hakea花和山貓並非從一開始就是互不相干的兩種事物，而只是到了包含著它們的單一氏族發生分裂以後，它們才變得陌生。李樹氏族似乎也可以追溯到同一個複雜的氏族：花—山貓氏族。[37]還有好多個動物物種以及其他的圖騰，尤其是小鼠圖騰，[38]都是從蜥蜴圖騰中分離出來的。[39]因此，我們可以斷定，原始組織經歷了一場至今仍在繼續全面解體和分裂的過程。

既然如此，如果我們在阿蘭達無法再找到一個完整的分類體系，就不是因爲那裡從來沒有這樣一個體系，而是因爲伴隨著氏族的支離破碎，這個體系已經土崩瓦解了。而今我們所見到的情況，只反映了該部落圖騰組織的當前狀態，它進一步證明了這兩類事實具有相互統一的密切關係。更何況，原有體系也不是沒有留下任何可以見到的跡象就杳無蹤跡了。我

---

35 Spencer & Gillen 1899，第一四七—一四八頁。〔實際上，還有些圖案表現的是人們圍著hakea樹跳舞的足跡，以及爲了保證節奏而在跳舞時敲打的小棒子。——英譯注〕

36 Spencer & Gillen 1899，第四四九頁。

37 Spencer & Gillen 1899，第二八三、二九九、四〇三、四〇四頁。

38 Spencer & Gillen 1899，第四四一頁。

39 Spencer & Gillen 1899，第一五〇、四四〇頁。

們已經提到過，在阿蘭達神話中還有它的遺跡可尋。而事物在氏族間的分配方式也許是一個更好的見證。就像我們已經討論過的完整分類一樣，在阿蘭達也常常有某種圖騰以外的事物與圖騰聯繫在一起，這些都是包容關係的最後殘餘。例如，蛙氏族就與桉樹有著獨特的聯繫；[40]而水雞則跟水相關。[41]我們已經看到，在水圖騰和火之間存在著密切的關係；而與此同時，與火聯繫在一起的還有桉屬植物的樹枝、荒漠植物的紅花、[42]號角聲、熱，以及愛。[43]鬍鬚被附於袋鼬圖騰，[44]眼病則跟蒼蠅圖騰有關。[45]最常見的情況是，與圖騰有這種關係的動物是一隻鳥。[46]有一種小黑鳥，名叫Alatipa，它的夥伴是蜜蟻，而蜜蟻像它一樣，都

---

40 在蛙氏族，在作爲個體標記的儲靈珈（據信祖先的靈魂就寄託其中）上面，就表現有桉樹；表演氏族神話的儀典中，也有一項就是畫出一棵樹和它的根（Spencer & Gillen 1899，第一四五、一四七、六二五、六二六頁；參見第三二五、三四四頁和圖七十二、圖七十四）。

41 Spencer & Gillen 1899，第四四八頁。

42 Spencer & Gillen 1899，第二三八、三三二頁。

43 Spencer & Gillen 1899，第五四五頁。

44 Spencer & Gillen 1899，第三二九頁。

45 Spencer & Gillen 1899，第五四六頁。

46 斯賓塞和吉蘭只提到了鳥類，但事實上這類情況要更加普遍。

生活在「mulga」灌木上；[47]另一種叫Alpirtaka的小鳥也是如此，它也要尋找這種棲居在樹上的小蟲。[48]一種叫作Thippa-Thippa的鳥是蜥蜴的盟友。[49]而名爲Irriakura的植物則以環頸鸚鵡爲其同好。[50]維切提蠐螬氏族的人不吃某些被稱之爲他們的同伴（quathari，斯賓塞和吉蘭譯作「伴侶」）的鳥。[51]袋鼠圖騰有兩種從屬於它的鳥，[52]鶺鴒圖騰也一樣。[53]故此，我們可以明確指出，這種關聯確實是先前分類的遺跡，這些聯繫在一起的動物曾經同屬於一個圖騰。根據傳說，Kartwungawunga鳥以前曾經是吃袋鼠的袋鼠人。與蜜蟻圖騰有關的兩種鳥從前也是蜜蟻。Unchurunga是一種美麗的紅色小鳥，它原本是屬於鶺鴒氏族的。有四種

47 Spencer & Gillen 1899，第四四八、四四七頁。

48 Spencer & Gillen 1899，第四四八、一八八、六四六頁。應該注意，它們的名字和該圖騰的偉大祖先的名字「Ilatirpa」很相似。

49 Spencer & Gillen 1899，第三〇五頁。在某些氏族儀典中，要有兩個人表演屬於這種類型的兩隻鳥圍著「蜥蜴」跳舞。根據神話傳說，早在阿爾徹靈迦時代就已經有這種舞蹈了。

50 Spencer & Gillen 1899，第三二〇頁。參見第三一八、三一九頁。

51 Spencer & Gillen 1899，第四四七、四四八頁。

52 Spencer & Gillen 1899，第四四八頁。

53 Spencer & Gillen 1899，第四四八頁。

蜥蜴組成了兩對，每一對中的一隻都同時既是另一隻的夥伴，又是另一隻的變形。[54]

最後，我們還有一個關鍵性的證據，可以證明阿蘭達的分類的確是早期分類的變化形式，也就是說，在阿蘭達部落中，我們可以發現一系列中間狀態，借助這種中間狀態，阿蘭達的分類就能在幾乎不打破連續性的情況下，與甘比爾山的典型類型聯繫起來。津吉利人（Chingalee）[55]是居住在澳洲北部地方〔卡奔塔利亞灣（Gulf of Carpentaria）〕的部落，在這個阿蘭達的北方鄰居那裡，就像在阿蘭達一樣，我們發現事物也是極端分散在爲數眾多的、零零碎碎的氏族中的；據記載，圖騰多達五十九個。與阿蘭達相似，這些圖騰群體也不再劃歸到胞族之下，而與部落所分成的兩個胞族相互搭疊著。不過，這種散亂的局面並不是絕對的。各種事物並非隨機地、無規則地分布在整個社會中，而是根據指定好了的確切原則分派給了特定的群體，哪怕這個群體同時屬於不同的胞族。在這個部落中，每個胞族都分

54 Spencer & Gillen 1899，第四四八、四四九頁。

55 見Mathews 1900。

成四個姻族；[56] 一個胞族中的每個姻族都只能和另一個胞族中的某個特定的姻族結親，因而這兩個姻族具有或可能具有相同的圖騰。這樣，這兩個對應的姻族就共同包含了一組確定的圖騰和事物，而其他群體則不包括這些圖騰和事物。例如，屬於Choongoora-chabalye這一對姻族的有各種鴿子、螞蟻、黃蜂、蚊子、百腳蟲、蜜蜂、草、蚱蜢和各種蛇等等；而某些星辰、太陽、雲、雨、水雞、朱鷺、雷、雕鷹、棕鷹、黑鴨等等則屬於由Chowan姻族和Chowarding姻族形成的群體；風、閃電、月亮、蛙等等屬於Chambeen-Changalla群體；有殼的水生動物、bilbi鼠、烏鴉、豪豬、袋鼠等等屬於Chagarra-Chooaroo群體。於是乎，在

56 〔涂爾幹和莫斯寫的是每個胞族分爲八個姻族，但馬休講得很明白：每個胞族「分爲四個部分，從而這個共同體總共有八個分支」（第四九四頁）。——英譯注〕就這一點而言，在津吉利部落和阿蘭達部落之間還存在著值得注意的親屬關係。阿蘭達也有八個姻族；至少在北阿蘭達是這樣，在其他部分裡，原初的四姻族也正在形成類似的分化。兩個社會發生這種分裂的原因是相同的，也就是說，其原因都在於從母系繼承向父系繼承的轉變。我們已說明，初始的四個姻族如果不再進行劃分，母系繼承向父系繼承的轉變就會使婚姻無法繼續下去（《社會學年鑑》，第五卷，一九〇二年，第一〇六頁，注①）。而在津吉利，這種轉變受到了一種非常特殊的因素的影響，即胞族以及姻族，仍然是母系繼承的，只有圖騰是從父親那裡繼承來的。這就解釋了，爲什麼某一胞族中的每個姻族在另一胞族中都會有一個與之具有相同圖騰的對應姻族。因爲孩子屬於母方胞族中的一個姻族，但他的圖騰卻和他父親一樣，而他的父親是屬於另一胞族的某一姻族的。

一定意義上，事物仍然劃歸於確定的範疇。然而，既然每個範疇都是由分屬於兩個不同胞族的兩個分部組成的，那麼，這種範疇已經有了一點人爲的意味，也不那麼穩固了。

同一地區的另一部落，使我們可以進一步把這些分類組織起來，並把它們視爲是一個體系。在卡爾高（Culgoa）河流域的穆拉瓦里部落（Moorawaria）中，[57]氏族的分裂相對於阿蘭達而言可以說是有過之而無不及。據說，實際上已經有一百五十二種事物被用來作爲這些個氏族的圖騰了。不過，還有數不勝數的大量事物，以固定的方式被劃分到了兩個胞族之中，即Ippai-Kumbo胞族和Kubi-Murri胞族。[58]因而，這個例子，既保留了氏族的極端分裂狀態，又非常接近於古典類型。只要這個社會沒有分散到這種程度，而是集中起來；只要這些四分五裂的氏族能夠本著他們天然的親和性重新聯合成規模較大的群體，並且主圖騰的數量也因之有所減少（即讓現在作爲圖騰的那些事物處在從屬於主圖騰的地位上）——那麼，我們就會準確地得到甘比爾山的體系。

總之，縱然我們尚不能確鑿地認定圖騰制度必然隱含著這種劃分事物的方式，但無論

57 Mathews 1898。

58 這個部落的胞族並沒有指定的專名。因此，我們把胞族的兩個姻族的名字合在一起爲其命名。應該指出的是，這個辦法也就是卡蜜拉羅伊（Kamilaroi）體系所使用的命名法。

如何，可以肯定的是，這種分類方式在以圖騰爲基礎組織起來的社會中是十分常見的。因而，在這種社會體系和這種邏輯體系之間，存在的是一條緊密的紐帶，而絕不是偶然的聯繫。下面我們還將看到，其他那些表現出更大程度複雜性的分類形式，與這種原始的形式究竟有著什麼樣的聯繫。

三　祖尼人，蘇人

祖尼人（zuñi）提供了一個最引人矚目的實例。[1] 鮑威爾寫道：祖尼人「在表現事物關係的原始概念方面顯得非常發達」。[2] 祖尼社會對

1　庫欣對祖尼人的研究著實令人稱道（一八八三；一八九六）。他說祖尼人在普韋布洛（Pueblo）〔指普韋布洛印第安人的住房或村落，由梯形多層平頂的城堡式結構組成。——中譯注〕民族中既是「最古老的」，又是「最發達的」（一八九六，第三二五頁）。他們製作的陶器讓人歎爲觀止，連西班牙人都進口他們種植的麥子和桃子；他們的珠寶聞名遐邇；與墨西哥人的交往也有將近二百年之久了。今天，他們成了基督徒，但這只是表面上的；他們還保留著自己的儀式、習俗和信仰（第三三五頁）。他們全都住在一個普韋布洛裡，那是一個獨立的鎮，實際上是由六到七個房間而不是六到七套房間組成的。因此，極端的社會集中和非同尋常的保守傾向，以及卓越的適應與進化能力，都是他們的獨特之處。不過，雖然庫欣和鮑威爾說他們已經不算原始人了（一八九六，第lvii頁；一八八三，第xxvii頁），但就我們將要討論的思維類型而言，其發展無疑依據的還是非常原始的原則。庫欣已經概要總結了祖尼人的歷史（一八九六，第三二七頁及以下諸頁）；但是，他提出的祖尼人具有雙重起源的假設，卻還有待商榷。

2　Powell 1896，第lix頁。

其自身的觀念，與它的世界觀相互交織，融爲一體，因而可以十分恰當地將他們的組織稱之爲是「神話—社會學意義上的」組織。[3]因此，當庫欣講到他對這一民族的研究時，他毫不誇張地說：「我越來越堅信，他們承載著人類的歷史……因爲祖尼人，也就是說，他們所有奇特的、明顯具有地方性特徵的習俗和制度，以及蘊涵在其中的聰明才智，都以一種非同一般的方式代表了文化發展的一個階段……」他慶幸自己與他們進行的實際接觸，將會豐富他對「人類必然經歷過的最早境況」[4]的理解。

的確，我們發現祖尼人對宇宙確有翔實的安排。[5]自然中的一切存在與事實，「日月星辰、天空、大地與海洋，以及它們的所有現象和要素，連同所有非生物體、植物、動物和人」，這一切都被劃分、標注和指定到一個單一而整合的「體系」的固定位置上；在這個體系中，各個部分根據「相似性程度」[6]或平起平坐，或有所隸屬。

3 Cushing 1896，第三六七頁，散見各處。

4 Cushing 1896，第三七八頁。

5 Cushing 1896，第三七〇頁。

6 Cushing 1883，第九頁。庫欣說：「其關係即使不是完全由相似的程度決定，大部分也是由相似的程度決定的。」在另一著作中（一八九六，第三六八、三七〇頁），這位作者相信，可以完全嚴格地採用他的解釋體系。但是，對於祖尼人，我們必須倍加謹慎。實際上，我們會舉例說明這種分類的隨意之處。

在祖尼人的這種分類形式中，我們發現，該體系的原則是把空間劃分成七個區域：北、南、西、東、上、下、中。宇宙中的每樣事物都被分配到這七個區域的一個當中。僅就季節以及構成季節的要素而言，其分布如下：風、微風或空氣，與冬季都屬於北；水、春天以及春天潮濕的微風都屬於西；火和夏天屬於南；土地、種子，以及使種子成熟、一年告終的霜凍，都屬於東。[7]鵜鶘、鸛、松雞、雄艾草榛雞、常綠櫟樹等等都是北區的事物；熊、郊狼和春草都是西區的東西。劃到東區的有鹿、羚羊、火雞等等。不僅是事物，而且連社會功能也被這樣加以分配。北方是武力和破壞的區域，戰爭和破壞屬於它；屬於西方的是和平（我們譯作「休戰」，對這個詞我們還不完全理解）與狩獵；而南方則是溫熱、農耕和醫療的區域；東方是太陽、巫術和宗教的區域；至於劃分到上方世界和下方世界中去的，乃是這些功能的豐富組合。[8]

每個區域還專門有一種顏色，反映出該區域的特性。北方是黃色的，據說，[9]是因為日

---

7 Cushing 1896，第三六九—三七〇頁。從前種子是被放在南區的。

8 Cushing 1896，第三七一、三八七、三八八頁。

9 我們轉述了這種解釋，但我們並沒有信以為真。顏色分布的深層原因可能要複雜得多。不過庫欣所給出的理由也不是毫無意義的。

出日落之光都是黃色的。西方是藍色的，因爲日落時在那邊可以見到藍光。[10]南方是紅色的，因爲那是夏天和火的區域，而夏天和火都是紅色的。上方區域是彩色條紋的，就如同雲縫間透出的道道光芒。下方區域是黑色的，好比大地的深處。而中部乃是世界的中心，它代表著所有的區域，同時兼具所有的顏色。

說到這裡，呈現在我們面前的這種分類似乎與我們先前所考察的分類大相徑庭。然而，有一樣事情，卻使我們能夠假定在這兩種體系之間存在著密切的關聯，這就是：**這種對世界的劃分與普韋布洛內部對氏族的劃分完全相同**。普韋布洛的「劃分可能不是根據地形來安排的，而是有序地對應於他們對『世界』的劃分的，這種對應並不總是很直觀，但在他們自己看來卻非常清楚……例如，鎮子中的一個分支被認爲與北方有關……；另一個分支代表西方，還有一個代表南方」，等等。[11]這種關係極其密切；像方位區域一樣，普韋布洛中的每一個居住區都有它獨特的顏色，而這種顏色就是其相應的方位區域的顏色。

在普韋布洛中，除了位於中心的那個分支只有一個氏族以外，其他每個分支都是由三

10 庫欣說是因爲「太平洋的藍色」，但是他沒有證實祖尼人曾經見到過海洋。

11 Cushing 1896，第三六七頁。

個氏族組成的群體，而且「這些氏族像其他印第安人一樣，也都是圖騰氏族」。[12]由於下文還要引用到這些圖騰氏族，所以我們把它們完整地列成下表，[13]以便理解我們將要進行的考察。

區域	氏族
北	鸛，或鵜鶘
	松雞，或雄艾草榛雞
	黃木，或常綠櫟樹（該氏族幾乎已滅絕）
西	熊
	郊狼
	春草
南	菸草
	玉米

12 Cushing 1896，第三六八頁。母系繼承；丈夫住在妻子那裡。

13 Cushing 1896，第三六八頁。

東　　獾
　　鹿
　　羚羊
上　　火雞
　　太陽（已滅絕）
　　鷹
下　　天空
　　蛙，或蟾蜍
　　響尾蛇
中　　水
　　金剛鸚鵡，整個中心唯此氏族

一般而言，如果在這些由不同氏族組合而成的某種道德統一體中，無論我們找出哪一個氏族，我們都必須確認它是從一個原初氏族中分裂出來的；因此，氏族分布與事物按照區域分布這兩者之間的關係，也就昭然若揭了。倘若這一規則適用於祖尼人，那麼我們就應該很清楚，肯定存在著這樣一個歷史時期：在分別由三個氏族組成的六個群體中，當時每一個群體都構成了一個單一氏族，因而整個部落分成了七個氏族，[14]恰好與七個區域相對應。就已知的一般原因而言，這一假設是非常可能的，而且有一份相當古老的口述材料，也非常明確地證實了這一點。[15]以下，就是代表六個氏族群體的六大祭司，在一個稱之爲「刀」的占有重要地位的宗教兄弟會中的名單：北方的主祭稱爲**熊族**之首；西方的主祭稱爲**郊狼族**之首；南方的主祭稱爲**獾族**之首；東方的主祭稱爲**火雞族**之首；上方的主祭稱爲**鷹族**之首；下方的主祭稱爲**蛇族**之首。[16]如果我們核對一下氏族的名單，就會發現，作爲這六大祭司的親族的六種動物乃是六個氏族的圖騰，而這六個氏族在方向上的定位又恰恰同其相應的動物是一致的。其中，只有熊是個例外，在最近的分類中它被劃分給了西方的事物。[17]這樣，六個氏族（熊族除外）不僅分屬於六個不同的群體，而且，每個氏族在其各自的群體中都被賦

14 對於中心氏族，似乎也可以把它看作是處在分別由三個氏族組成的兩大胞族以外的一個獨立群體——這也是有可能的。

15 這是一篇詩辭，而且詩體部分要比散文體部分保存得好得多。此外可以肯定，在十八世紀他們轉而皈依基督教的時候，他們的組織也十分接近於庫欣所研究的情況。很多兄弟會的存在形式和氏族的形式完全相同，從傳教團的浸禮註冊上所記載的名字，就可以推知這一點（Cushing 1896，第三八三頁）。

16 Cushing 1896，第四一八頁。

17 也許是年深日久的緣故，這個氏族已經改換了它的方位。

有一種貨眞價實的首要地位。正因爲每個群體的代表都是從這些氏族中選出的，那麼很顯然，它們都當被視作各自群體的代表和首領。這就是說，它們是首要的氏族，而群體中的其他氏族都是從中分裂出來的。這種胞族中第一氏族作爲該胞族的原始氏族的現象，在普韋布洛印第安人中（也包括其他各處）是一種非常普遍的事實。[18]

問題還不啻於此。事物的區域劃分與社會的氏族劃分不僅彼此對應，而且它們還錯綜複雜地相互交織，融爲一體。我們既可以說事物被劃分到了北方、南方，也可以說這些事物被劃分到了北方的氏族或南方的氏族。這一點在圖騰動物的身上表現得最爲明顯；它們顯然既可以按照氏族分類，也可以按照特定的區域分類。[19]所有事物皆是如此，甚至社會功能亦然。我們已經看到，這些東西是怎樣在區域[20]之間分布的；這種分布事實上是如何還原爲氏族之間的分布的。實際上，所有這些功能，如今都是由宗教兄弟會來執行的，兄弟會在與此有關的各種職能上均代替了氏族。兄弟會能夠召集來的，即使不是全體成員，至少

18 當我們在集中探討這些由六個原初氏族分裂而成的六個三氏族群體的時候，對第十九氏族的問題暫未涉及，下文中我們會再回過頭來討論這個問題。〔參見本書第六十六頁注36。——英譯注〕

19 例如，神父們認定，「夏天的動物或事物以及南方均屬於夏族，冬天的動物或事物以及北方均屬於冬族」，諸如此類。

20 我們這裡所說的「區域」都是方位區域的簡稱。

大多也都來自於屬於同一區域並具有相應功能的氏族。[21]例如「刀」、「玻璃棒」和「仙人掌」等會社都是戰鬥兄弟會，他們即使「不是完全嚴格的，也基本上」是由北方的氏族組成的；「祭司」、「虹」和「獵」的成員來自西方的氏族；「司祭者」來自東方的氏族，組成「大魔舞」（巫術和宗教）會社的「棉花」和「怪鳥」也來自東方；而「大火」或「餘燼」會社的職能尚無明確記載，但無論如何，它都與農業和醫療有關，[22]他們來自南方的氏族。準確地說，事物與其說是根據氏族或根據方位來劃分的，還不如說是根據已定向的氏族來劃分的。

因此，在這種體系與澳洲體系之間，根本不存在一條鴻溝。無論以氏族爲基礎的分類與以方位爲基礎的分類在原則上會有什麼樣的不同，在祖尼人那裡，這兩者都是相互疊置、不謀而合的。我們甚至可以把我們的研究再推進一步。某些事實顯示，以氏族爲基礎的分類比較古老，它是以方位爲基礎的分類得以形成的模型。

首先，以方位爲基礎來劃分世界的做法並不是從來就有的。它有它的歷史，我們也可以

21 Cushing 1896，第三七一、三八七—三八八頁。

22 在美洲各處，熱，尤其是太陽的熱量，都跟農業和醫療相關。——至於包括在上方和下方中的那些兄弟會，其功能是生育和維持生命。

重構它所經歷的主要階段。在七分天下之前，肯定是一分爲六的局面，我們至今仍然可以發現這種跡象。[23]而在一分爲六之前，則又是一分爲四的局面，它對應於四個方位點。基於這種解釋，我們認爲，祖尼人原本僅僅區別了四個要素，並將它們劃定於四個區域。[24]

不容忽視的是，在以方位爲基礎的各種分類之外，還有與之相對應的、完全平行的以氏族爲基礎的分類。這裡，六氏族的劃分顯然是先於七氏族的劃分的：正因爲如此，在「刀」兄弟會中代表部落的主祭才會從六個氏族中選出。說到底，六氏族的劃分本身又是從兩個基本的氏族群、即從兩個胞族的劃分中發展出來的；那時候，這兩個部分就已經涵蓋了整個部落，有關這一事實，我們將在下文中予以討論。[25]此外，劃分成兩個胞族的部落所對應的又是四大方位的劃分格局。一個胞族位居北方，一個胞族位居南方，在它們之間，是一道由東向西將它們區分開來的界線。在蘇人中，我們會清楚地看到這種社會組織與四個方位點的區分是如何聯繫在一起的。

---

23 我們知道，「中心」的觀念相當晚近才發展出來，中心「是在一個特定時期建立起來的」（Cushing 1896，第三八八、三九〇、三九八、三九九、四〇三、四二四—四三〇頁）。

24 Cushing 1896，第三六九頁。下面這幾句話清楚地表明了這一點：「他們拿著藏有東西的管子……像人類的區域一樣，其數爲四。其中的啓示球……像人類的區域一樣，其數亦爲四。」

25 見本書第六十四—六十六頁。

其次，方位分類對氏族分類的適應很是勉強，而且經常是在一種妥協的情況下實現的，這個事實顯示：方位分類或多或少是疊加在氏族分類之上的。如果方位分類體系乃是應該固守的原則，那麼每一種事物就應該完全劃分到一個，而且是唯一一個特定的區域中；比如說，所有的鷹都應該屬於上方區域。然而，祖尼人卻知道在各個區域裡都有鷹。於是他們提出：每個物種對一個特定的區域都有所偏好，在這個它所偏好的區域裡，而且僅僅在這個區域裡，存在著該物種最高級、最完備的形式；與此同時，在其他區域裡，也有這一物種的代表，當然，它們較小一些，不那麼出類拔萃；此外，根據它們所屬區域的特有顏色，人們也可以把它們彼此區分開來。於是，除了上方的鷹以外，還有在各個區域裡作爲物神的鷹：有黃鷹、藍鷹、白鷹和黑鷹。[26]每一種鷹都具有它所在區域通常所賦予的所有品性。要想重構出祖尼人達到這一複雜概念的歷程，並不是一件不可能的事情。起初，事物都是依據氏族進行分類的，因此，每種動物都完全屬於一個特定的氏族。這種總體歸類並沒有什麼困難，因爲當人們把整個物種想像成與這個或那個人類群體具有親屬關係時，並沒有產生什麼矛盾。然而，當根據方位的分類確立之後，麻煩就難免會出現；對嚴格的排他性定位而言，事實顯然與之有所出入。爲此，一個物種，一方面要像在先前的氏族分類體系中一樣，主要集

26 Cushing 1883，第十八、二十四、二十五頁，插圖第III-IV頁。

中在一個單一方向上；另一方面，也完全有必要多樣化，以便能夠以次級的形式和不同的面貌分散到各個方向中去。

第三，在已有記載的許多案例中，事物都是直接根據氏族來分類的，或者在過去的一段時期內曾經是根據氏族來劃分的。只是透過氏族，它們才與各自的方位之間具有了間接的關係。

只要那六個初始氏族還沒有分化，那麼後來成爲新氏族圖騰的那些事物，顯然只能作爲這些氏族中的次圖騰而從屬於各個氏族的圖騰。它們都是氏族圖騰的各個種。

直到今天，這種直接的從屬關係仍然能夠在一個特定的動物範疇中找到，這個範疇就是獵物。各種獵物都分爲六類，每一類都被認爲是附屬於一種特定的「獵獸」。賦有這種特權的每種獵獸都居住在某一個區域內。它們的分布如下：北方是美洲獅，爲黃色；西方是熊，爲黑色；南方是獾，黑白相間；[27]東方是白狼；上方是鷹；下方是獵鼴鼠，像地底下一

27 祖尼人用來證明獾的歸類時所進行的推理顯示，決定這種觀念聯想的原因與相關事物的固有本性是毫不相干的。南方的顏色是紅色，據說獾屬於南方，但卻又說獾是黑白相間的，而紅色既不是黑色，也不是白色（Cushing 1883，第十七頁）。從中我們可以看到一種與我們的邏輯迥然相異的觀念。〔文獻中實際上是這樣說的：「汝之皮毛紅潤間有黑白，正是夏日之地的色彩，是爲紅色，處在白天與黑夜之間，故此，你的家鄉也在山嶺的陽面。」——英譯注〕

樣黑。這些獵獸的靈魂居住在一小堆石頭中，人們相信這些石頭就是它們的外形，而石頭有時候也被塗上它們各自特有的顏色。[28]舉例來說，郊狼、山野羊等等都隸屬於熊。[29]如果想要確保有充足的郊狼可供狩獵，或者想要獲得這種動物的特殊力量，那就要在某種專門的儀式上用熊作爲物神。[30]值得注意的是，在這六種動物中，有三種動物仍然被現在的氏族用作圖騰，它們所屬的方向也與這些氏族一樣；它們是熊、獾和鷹。另外，美洲獅只不過是郊狼的替代者，而郊狼從前是北方一個氏族的圖騰。[31]當郊狼移歸西方以後，美洲獅作爲從屬於它的一個物種，就留在北方成爲了它的繼任。因此，曾有一個時期，這四種具有特殊地位的動物都是圖騰。至於獵鼴鼠和白狼，我們應該注意到，與之相應的兩個區域（東方和下

---

28 Cushing 1883，第十五頁。

29 獵物在六大獵獸之間的分布在一些神話中得到了說明（Cushing 1883，第十六頁），這些神話在細節上並不全都一致，但基本上所依據的都是相同的原則。至於它們的歧異之處，用氏族在定向中所發生的變動很容易就能解釋得通。

30 六種動物物神除了兩種以外，其餘都與神話中的六種「獵獸」恰好相符。而兩個例外不過是因爲這兩種動物被它們所屬的另外兩種動物代替了。

31 以下事實可以證明這一點：黃色郊狼物神雖然被指定爲北方的一個次級物種，但它的地位卻要高於屬於西方的藍色郊狼物神（Cushing 1883，第二十六、三十一頁）。

方）中的各個氏族的圖騰動物都不是獵獸。[32]所以人們必然尋找它們的替代者。

故此，按照祖尼人的想法，各種各樣的獵物都直接從屬於圖騰或者是圖騰的替代者。唯有透過圖騰或圖騰的替代者，獵物才能與它們各自的方位聯繫起來。這就是說，依據圖騰，即氏族對事物進行的分類，要先於依據方位進行的分類。

從另外一個角度來看，這些神話也意味著氏族分類具有較早的起源。這六種獵獸不僅下轄著獵物，而且還下轄著六大區域：世界的六部分中的每一個部分都被指定給了一種獵獸並受其保護。[33]正是以它們為中介，劃歸到它們區域中的動物才能夠與創造了人類的神相溝通。於是，我們可以看出，區域，以及歸屬區域的所有事物，實際上是處在對動物圖騰的某種依賴之中的。如果是方位分類在前，那麼這一切就不會發生。

乍看，唯有區域分類較為分明，然而，就在它的下面，我們卻又發現了另一種分類，它在各個方面都與我們在澳洲所見的分類完全相同。這種同一性甚至比我們在前面論述中所說的還要完滿。祖尼人不僅曾經直接依據氏族對事物進行分類，而且這些氏族本身也像澳洲人

32 蛇實際上是下方的圖騰，而且，根據現行的觀念，它還是一種獵獸。然而，對祖尼人來說卻未盡然。在他們看來，獵獸必須有爪。

33 Cushing 1883，第十八、十九頁。

那樣分屬於兩個胞族。有關這一點，在庫欣所記錄的一個神話中已經露出了端倪。[34]祖尼人說，當人類剛剛被創造出來的時候，第一個大祭司兼巫師就把兩對卵拿給人們；其中一對像天空一樣發出奇異的幽藍色，另一對如大地母親一般泛著殷紅色。他說一對是夏天，另一對是冬天；然後他讓人們選擇。第一群人選擇了藍色的那一對，當他們看到沒有羽毛的幼鳥破殼而出時簡直欣喜若狂。然而當它們長大以後，就變成黑色的了：它們是渡鴉，它們的後裔是名副其實的禍根，全都遷往了北方。選擇紅卵的那一群人看到絢麗的金剛鸚鵡破殼而出，從此，他們享有了種子、溫暖與安寧。「於是，」神話繼續講道，「最初我們民族分爲冬族和夏族……」有些人成爲「金剛鸚鵡和金剛鸚鵡的親屬，他們是Múla-kwe人，而選擇了渡鴉的那些人就成爲渡鴉人，或者叫作Ka'kâkwe人。」[35]故此，社會分爲兩個胞族，一個位於北方，一個位於南方；一個以渡鴉爲圖騰，他們已經消失了，另一個以金剛鸚鵡爲圖

34 Cushing 1896，第三八四頁及以下諸頁。

35 Ka'kâkwe一詞似乎就是渡鴉人的舊稱。如果這一點得到認可，那就解決了該詞詞源以及Ka'kâ-kwe節日的起源所引發的所有問題。見Fewkes 1897，第二六五頁，注②。

騰，他們至今猶存。[36]同時，神話還保留了胞族又劃分為氏族的記憶。[37]神話說，根據這些氏族各自的本性、口味和脾氣，北方一族，也就是渡鴉族變成了熊族、郊狼族、鹿族、鸛族等等；而南方一族，即金剛鸚鵡族的情況也與之相仿。這些氏族一旦建立，它們就分有了各種事物的本質：比如說，冰雹和雪的種子屬於駝鹿；而水的種子之類就屬於蟾蜍等其他氏族。在此，我們又有了新的證據：起初事物是根據氏族和圖騰來劃分的。

以上所述，已經使我們能夠得出結論：祖尼人的體系[38]確實是澳洲體系的進一步發展和

36 金剛鸚鵡氏族是目前唯一一個屬於中心區域的氏族，看來它就是原初的第一氏族，即起源於夏胞族的那個氏族。〔但請參見本書第六十頁，注23。——英譯注〕

37 Cushing 1896，第三八六頁，參見第四〇五、四二五頁。

38 我們之所以討論祖尼體系，是因為在普韋布洛印第安人的分類體系中，它得到了最為精到和最為完整的觀察。我們不能斷言，其他普韋布洛印第安人的體系完全都是這個樣式的；但我們確信，目前，就福沃克斯、伯克（Bourke）、斯蒂文森和多爾西所進行的研究而言，是會得出這一結果的。可以肯定的是，瓦爾皮的霍皮人（Hopi）和圖薩揚人（Tusayan）和我們在祖尼人那裡看到的情況一樣，也有九個氏族群體；在每個氏族群體中，第一氏族的名字也就是該群體的名字，這證明該群體就是這個初始氏族分裂的產物（Mindeleff 1891，第十二頁）。這九個群體包括了不計其數的次圖騰，看上去確實涵蓋了自然中的萬事萬物。而且，有些說法明確指出，這些氏族在神話中有確切的定向。例如，響尾蛇氏族來自西方和北方，而它所包納的那些

複雜化。然而，最終能夠表明這種關係的實在性的，還要算連接這兩種極端體系的中間階段

事物，如各種仙人掌、鴿子、旱獺等等，也因此有了這種定向。來自東方的氏族群體以犄角爲圖騰，它包括了羚羊、鹿和山野羊等等。每個群體都起源於一個明確定向的區域。另外，它們的色彩符號體系與我們在祖尼人中所觀察到的情況也完全對應（Fewkes 1897，第二七六頁及以下諸頁；參見Mallery 1886，第五十六頁）。最後，和祖尼人一樣，獵獸和獵物也分布在各個區域之中。不過還有一點區別，那就是這些區域並不對應於方位點。

錫亞人（Sia）的普韋布洛遺跡似乎已經把這種狀態的集體思想非常清楚地保留了下來（Stevenson 1894，第二十八、二十九、三十二、三十八、四十一頁）。在那裡，每個區域中都有一個神聖動物作爲代表，這一事實恰恰說明，事物首先是根據氏族來劃分的，然後才是區域。不過，時至今日，那些氏族除了少數還倖存以外，其餘的都已經不復存在了。

我們相信，在納瓦霍人中也能找到同樣的分類方法（Mathews 1887，第四四八—四四九頁，參見Buckland 1893，第三四九頁）。我們還認爲，雖然我們在此未能予以證實，但惠喬爾人的符號體系（見呂莫茨的評論，Lumholtz 1900，載於《社會學年鑑》，第六卷，一九〇三年，第二四七—二五三頁）和摩爾根（Morgan 1877，第一九九頁）所寫的《另一些普韋布洛人》，即阿茲特克人（Aztec）的符號體系中的許多事實，都可以依據這種思路得出確切的解釋。另外，鮑威爾、馬萊里和塞勒斯·湯瑪斯（Thomas）也曾表達過同樣的見解。

的發現，正是這種發現，才澄清了一種體系究竟是如何從另一種體系中發展出來的。

根據多爾西的記載，蘇人中的奧馬哈（Omaha）部落，恰恰就處在這種相互混同的階段上。[39]在那裡，依據氏族對事物進行分類的狀況依然清晰可見，而且從前這種分類還要明確得多；至於區域體系的觀念，卻還僅僅是處在形成過程中。

奧馬哈部落分爲兩大胞族，每個胞族又包含五個氏族。這些氏族完全遵循父系繼承的原則，這意味著，圖騰組織，確切地說是圖騰膜拜，正在日趨衰落。[40]氏族依次又分爲一些次氏族，有時候這些次氏族還有分支。多爾西並沒有說世間萬物都劃分到了這些群體中。但是，即使這種分類並未窮盡一切，實際上也不可能窮盡一切，但它所包容的事物則肯定非常廣泛，至少在過去是非常廣泛的。這一點，有關Chatada氏族的研究已經表露無遺。Chatada氏族是我們所能見到的唯一保存完整的氏族，[41]它是第一胞族的一部分。至於其他

---

39 Dorsey 1884，第二一一頁及以下諸頁；1894；1896。參見特頓人（Teton）、奧馬哈人和奧塞奇人（Osage）的文獻，刊載於《北美洲民族學》，第三卷第二部分和第四卷第一部分；Kohler 1897。

40 一般說來，舉凡在父系繼承的地方，圖騰膜拜都日薄西山、趨於消亡（Durkheim 1898，第二十三頁）。而且多爾西也確實提到了圖騰膜拜的衰落（一八九四，第三七一頁）。

41 Dorsey 1896，第二二六頁。我們覺得這個氏族很像是熊氏族；這個名字實際上就是第一次氏族的名字。另外，在蘇人的其他部落中，相應的氏族也是熊氏族。

那些可能已經不再完整的氏族，我們暫且不論；當然，無論如何，我們在那些氏族中也能看到同樣的現象，只不過它們相對來說比較不複雜罷了。

雖然我們還不能確定用來指稱該氏族的那個詞的意義，不過，對於劃入到這一氏族中的事物，我們卻掌握有一份相當完整的清單。該氏族包括四個次氏族，而這些次氏族本身又分爲多個環節。[42]

第一個次氏族是黑熊次氏族。它包括黑熊、浣熊、灰熊和豪豬，這些似乎都是各個環節的圖騰。

第二個次氏族是「不食（小）鳥者」。屬下有：(1)鷹；(2)烏鶇，它又分爲白頭烏鶇、紅頭烏鶇、黃頭烏鶇和紅翅烏鶇；(3)灰色烏鶇，或「雷族」，它又分草地鷚和北美草原松雞；(4)貓頭鷹，它分爲大、中、小三種。[43]

第三個次氏族是鷹次氏族。它首先包括三種鷹；其次還包括一個叫作「勞作者」的環節，這個環節似乎與事物的特定秩序無關。

42 Dorsey 1884，第二三六頁及以下諸頁。多爾西用「宗族」（gen）和「次宗族」（sub-gen）來指稱這種分群。我們認爲似乎還沒有一個新術語可以用來指稱父系繼承的氏族。它們也還只是屬下面的一個種。

43 〔實際上是「貓頭鷹和鵲族」，包括大貓頭鷹、小貓頭鷹和喜鵲。——英譯注〕

最後，第四個次氏族是海龜次氏族。附屬於它的有霧，其成員具有中止的力量。[44]另外還有四個不同種的海龜附於該屬。

既然有證據使我們相信，這種情況絕非孤例，其他很多氏族也一定具有類似的分支和次級分支，那麼，我們就可以比較有把握地假定：這種分類體系在奧馬哈人中仍然能夠觀察得到，而且曾經比今天複雜得多。除了事物分布方式以外，與澳洲的情形相類似，我們還能看到定向觀念的影子，儘管這種觀念在形式上還是十分粗陋的。

每當部落圍成一圈安營紮寨，在這個圈子內，各個特定群體的位置都是固定的。兩大胞族分居在部落行進路線的一左一右；這樣，它們便根據行程的方向而分爲兩方。在每個胞族所占據的半個圓圈內，那些氏族都相互參照著各就其位，各個次氏族亦然。這樣分配給它們的位置，並不主要取決於它們之間的相互關係，而取決於它們各自的社會職能，取決於從屬於它們的那些事物的本性，以及人們所以爲的這些事物會對他們產生的影響。例如，在每個胞族中，各有一個氏族與雷、戰爭具有特定的聯繫，一個是駝鹿氏族，另一個是Ictasandas

44 霧肯定是被表現爲龜的形式的。我們還知道，霧和風暴在易洛魁人那裡屬於野兔氏族（參見Frazer 1899，第八四七頁）。

氏族。它們兩個就在營地入口處相向而居，負責守衛；[45]當然這主要是儀式性的，並不很當眞。其他氏族也依照同樣的原則，根據它們與這兩個氏族的關係加以排列。就這樣，事物和它們所從屬的社會群體一起，被分配到了營地之中。而空間也在氏族之間、在屬於這些氏族的事物和事件之間得到了劃分。但是，透過這種方式加以劃分的空間顯然不是宇宙空間，而只是部落所占據的空間。氏族和事物有了定向，但這種定向並不是以方位點爲依據的，而是以營地的中心爲參照的。準確地講，這種劃分並不對應於各個方位，而僅僅對應於與這個中心點相對的前後和左右。[46]另外，這些專門劃分出來的空間是從屬於氏族的，而不是像祖尼人那樣，氏族要劃歸到各個分區。

在其他某些蘇人部落中，定向的觀念已經變得較爲鮮明了。與奧馬哈人一樣，奧塞奇印

45 Fletcher 1898，第四三八頁。——只有在部落的全體行動中才採用這種布局（Dorsey 1884，第二一九頁及以下諸頁，第二八六頁，第一三三節；參見一八九六，第二二五頁）。

46 要想知道氏族的定向爲何不取決於和方位點的關係，只要注意這一點就足夠了：其定向完全是根據部落行進路線的變化而變化的，而不管部落是從北往南、從西向東，還是走的其他什麼路線。因此，當多爾西和麥吉講到氏族與事物完全是按照區域進行分類的時候，他們未免輕率了些（Dorsey 1894，第五二二頁及以下諸頁；MacGee 1894，第二〇四頁）。

第安人也分兩大胞族，一個居右，一個居左；[47]不過，奧馬哈的兩個胞族的職能在某些方面是相互混同的（我們已經看到，每個胞族都含有一個戰爭氏族和雷氏族），而該部落的兩個胞族的職能卻涇渭分明。部落的一半負責戰爭，一半承當和平。這必然導致事物的定位更加明確。我們在坎薩（Kansa）印第安人中也發現了類似的組織。而且，其中每個氏族和次氏族與四個方位點皆有確定的關係。[48]蓬卡（Ponka）人[49]則更進一步。像上述幾個部落一樣，他們部落的營圈也一分兩半，對應於兩個胞族。另一方面，每個胞族又包括四個氏族，但由於每種作爲其特徵的要素都同時分屬於兩個氏族，所以這四個氏族很自然地可以還原成兩對。從而，各個族群和事物的分布如下：營圈分爲四個部分；首先，在入口的左側是兩個火氏族（或雷氏族）；位於它們背後的是兩個風氏族；在入口右側的是兩個水氏族；再往後是兩個土氏族。於是，四大要素每一個都準確地固定在了整個圓周的四分之一圓弧上。以此爲基礎，只要這個圓周的軸和羅盤兩軸中的一個相重合，那麼氏族和事物也就定向於四個基本

47 Dorsey 1896，第二三三頁；參見第二一四頁。

48 在圍繞各個方位點而舉行的巡行儀典上，出發點是隨各個氏族而變的（Dorsey 1896，第三八〇頁）。

49 Dorsey 1896，第二二〇頁；一八九四，第五二三頁。這個部落還有一些同樣重要的次圖騰。

的方位。而我們知道，在蓬卡人的部落中，營地的入口總是朝西的。[50]

不過，這種定向（這在部分上還只是假設）仍然是間接的。部落的次級群體連同附屬於它們的各種事物在營地內的定位多多少少還算是明確的；然而，在所有這些案例中，還沒有一例被報告說它的氏族與一般空間的某一部分具有特定的關係。既然這還只是一個部落空間的問題，那麼它與祖尼人的情況就相差很遠。[51]要想切近於祖尼人的分類，我們還只能離開

50 在奧馬哈，也能夠發現氏族和事物有類似的分布，但入口並不是朝西的（Dorsey 1894，第五二三頁）。〔涂爾幹和莫斯指的是溫內貝戈人（Winnebago），說入口朝「西」。但是，他們的論斷所依據的那個示意圖實際上卻是關於「奧馬哈、衣阿華（Iowa）及其同宗部落」的。多爾西並沒有說入口是位於哪一個羅盤方位上，但從後幾頁來看，顯然是朝向西北的。對佛斯特（Foster）著作的最初引用就帶有錯誤。——英譯注〕不過，這種入口定向的差別並沒有改變營地的一般面貌。那裡，部落大體上的集合排列方式不僅與之相同，而且各個氏族的集合排列方式也與之相同，至少某些氏族是這樣的。尤其值得一提的是Chatada氏族，當他們聚集起來形成一個圈子的時候，土、火、風、水也都以完全相同的方式定位於圈子的四個不同部分（Dorsey 1894，第五二三頁）。

51 不過，我們發現有一個蘇人部落，其中的事物像祖尼人那樣依據方位來分類，這就是達科他（Dakota）部落。然而，在達科他人中，氏族已經消亡了，因而依據氏族的分類也就不復存在了（Dorsey 1894，第五二二、五二九、五三〇、五三二、五三七頁；參見Riggs 1885，第六十一頁）。所以我們在舉例論述中就沒講到他們。達科他人的分類和中國人的分類完全相似，對後者我們將作簡要的考察。

美洲回到澳洲。在澳洲部落中，我們將發現蘇人所沒有的東西，那將是一個新的證據，是具有決定性的證據，證明我們所謂的美洲體系和澳洲體系之間的區別非但不是單純的地方因素所決定的，而且也絕不是不可還原的。

這個部落就是我們已經考察過的沃喬巴盧克部落。誠然，我們引以為據的是霍維特的資料，而霍維特並沒有說方位點在事物的分類中究竟發揮了什麼作用；而且我們也沒有任何根據懷疑他的觀察在這一問題上的準確性。然而，可以肯定的是，在與之有關的所有氏族中，每一個氏族都與一個特定的空間區域聯繫在一起，那個區域完全是氏族自己的區域。而且，這一回它們的區域也不再是營地內的一塊地方了，而是在整個視界內被劃定的一部分。於是乎，每個氏族在羅盤上都能各有定位了。氏族與它的空間區域之間的關係極為密切，其成員必須埋葬在這個確定的方向上。[52]例如，Wartwut氏族，也就是熱風氏族[53]的成員一定要埋葬在「北偏西一點兒，那也就是在他們的地區中熱風吹來的方向」。而太陽族的成

---

52 Howitt 1887，第三十一頁；1889a，第六十二頁。

53 Wartwut這個詞同時兼有北方、北風和熱風的意思（Howitt 1889a，第六十二頁，注②）。〔涂爾幹和莫斯寫的是來自「北—西—北方向的風」，而霍維特實際上說的是「北方＝Wartwut，這也是熱風的名字」。——英譯注〕

員則要埋葬在太陽落山的方向，其他氏族也如出一轍。[54]

這種空間區域的劃分與該部落的社會組織的本質密切相關，以致霍維特把區域劃分看作是「沃喬巴盧克人用來保留和說明他們的族群與圖騰、他們與這些族群和圖騰的關係以及他們相互之間的關係的一種機械方法。」[55]但凡兩個氏族有所關聯，那麼就事實本身而言，就不可能不牽涉到在空間中相鄰的兩個區域。這種情形可以用圖表示出來。這幅圖是霍維特根據一位絕頂聰明的土著的說法畫出來的[56]那個土著爲了把部落的組織描述出來，先放下一個小棍，讓小棍端端正正地指向東方，因爲Ngaui，即太陽乃是主圖騰，所有其他圖騰都是參照與它的關係才得到確定的。換言之，一定是太陽氏族和東西方向，提供了兩大胞族的基本定向，即Krokitch胞族位於東西線以上，Gamutch胞族位於東西線以下。實際上，從圖中可以看出，Gamutch胞族整個位於南方，而Krokitch胞族幾乎全部位於北方。唯有一個

54 Howitt 1887，第三十一頁。

55 Howitt 1889a，第六十二頁及以下諸頁。接下來是霍維特原文的概要。

56 在可能確定的範圍內，這些氏族的土著語名稱可以意譯如下：1和2（Ngaui）意爲「太陽」；3（Barewun），「洞穴」（？）；4和11（Batchangal），「鵜鶘」；5（Wartwut-Batchangal），「熱風—鵜鶘」；6（Wartwut），「熱風」；7（Moiwiluk），「花斑蟒蛇」；8和9（Munya），「袋鼠」（？）；10（Wurant），「黑色鳳頭鸚鵡」；12（Ngungul），「海」；13（Jallan），「死亡—蝰蛇」。

Krokitch胞族中的氏族，即第九號氏族，越過了東西線，而我們完全有理由相信，這種反常應該歸咎於觀察中的失誤，抑或是因爲原初的體系後來或多或少有了一些變化。[57]於是，我們就得到了一個北方的胞族和一個南方的胞族，這完全類似於我們在其他社會中所見到的情況。南北線的北方部分恰好爲：Krokitch胞族的鵜鶘氏族所據，而該線的南方部分則爲Gamutch胞族的同名氏族所有。這樣就分出了四塊地方，其他氏族都定位其中。與奧馬哈人一樣，它們的排列次序表達了它們圖騰之間的親屬關係。把氏族分割開來的那些空間，都以該空間中的主要氏族的名字來命名，其他氏族都是從這個主要氏族中分裂出來的。例如，氏族一和氏族二都被說成是「太陽人」；分給它們的空間「完全」都是白色鳳頭鸚鵡的空間。[58]既然像我們已經指出的那樣，白色鳳頭鸚鵡是太陽的同義詞，那麼我們就可以說，從東到北整個這一塊都屬於太陽。與之相似，從四到九這幾個氏族，也就是從北到西的這幾個氏族，全都是第一胞族中的鵜鶘氏族的環節。從而，事物定向所具有的規則性也就昭然若

57 實際上，霍維特自己也提到，他的資訊提供者在這一點上是有些猶豫的。而且，這個氏族事實上與第八氏族完全一樣，只是它的陰間圖騰有所不同罷了。

58 〔這是霍維特所指出的情況（1889a，第六十二—六十三頁）。涂爾幹和莫斯看錯了霍維特的原文，以爲是氏族一和氏族二的空間屬於太陽，而氏族二到氏族四的空間又屬於白色鳳頭鸚鵡。——英譯注〕

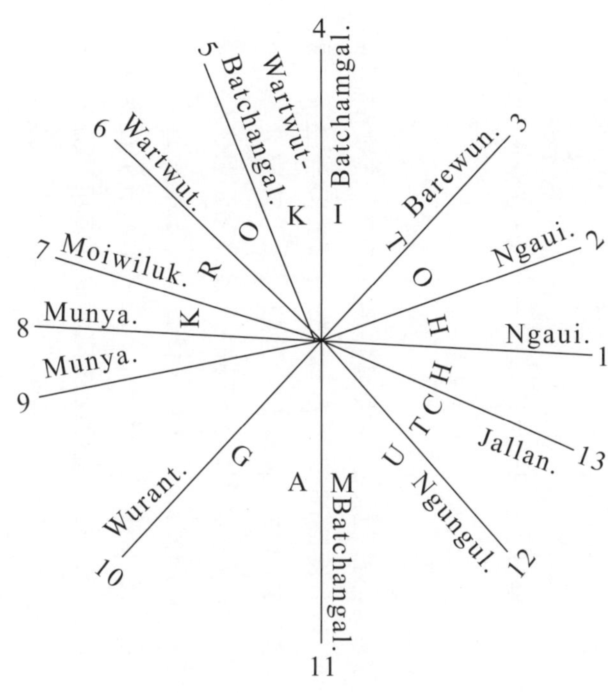

揭了。

概言之，我們有理由認爲，不僅在上述兩種分類類型同時並存的祖尼人那裡，以氏族和圖騰爲基礎的分類比較古老；而且，我們也可以根據次級系統從首要系統中發展而來並加諸其上的過程，去詳細檢驗不同社會的分類情況。

在具有圖騰組織的社會中，部落的次級群體——胞族、氏族和次氏族——依據它們的親屬關係、依據它們在社會功能上的相似性和差異性來劃分地域的辦法，是一條普遍的規則。因爲兩個胞族都獨具個性，它們在部落生活中扮演著不同的角色，所以它們在空間上也是相對應的。一個在這一邊安頓，一個在那一邊立足；一個定位於這個方向，一個則相反。在每個胞族內部，如果氏族彼此鄰近，那麼與之相關的事物就緊密相聯；如果氏族彼此分離，那麼與之相關的事物也就格格不入。在我們已經提到過的社會中，這些規則都分外鮮明。事實上，我們已經看到，普韋布洛中的每個祖尼氏族是怎樣定向於劃分給它們的區域方位的；蘇人中具有完全對立的社會功能的兩個胞族，又是如何一左一右、一東一西地安營紮寨的。更何況，在其他許多部落中，還能夠找到與之相同或相似的事實。根據已有的報告，無論是易洛魁人、[59]懷恩多特人、[60]佛羅里達已經解體的塞米諾爾人、[61]特林吉特人（Tlingit），還是盧喬人或德內丁傑人（Déné Dindjé）這樣的最北邊的、最低劣的也是最原始的印第安人，[62]它們的胞族都存在著這種有關功能和定位的雙重對立。在美拉尼西亞（Melanesia），對胞族和氏族之相對定位的確定也同樣嚴格。它足以使我們回想起我們已經講過的那些分爲海胞族和陸胞族、一個在下風處

59 Morgen 1877，第八十八頁，第九十四—九十五頁；一八五一，第二九四頁及以下諸頁；Smith 1883，第一一四頁。

60 Powell 1883，第四十四頁。

61 MacCauley 1887，第五〇七—五〇九頁。

62 Petitot 1887，第十五頁和第二十頁，在盧喬人中有一個右胞族，一個左胞族，還有一個中胞族。

安營、一個在上風處紮寨的部落。[63]在很多美拉尼西亞社會中，這種一分爲二的劃分實際上完全是以往組織的遺跡。[64]而很多文獻又紛紛記載，澳洲也有同樣的定位現象。在那裡，儘管每個胞族的成員分散在爲數眾多的地方群體中，但在每個群體內部，他們安營紮寨的時候也是相互對立的。[65]不過，這種排列以及由此產生的定向，在整個部落聚集起來的時候最爲明顯。在阿蘭達，情況尤其如此。另外，我們在阿蘭達還發現了一種獨特的定位觀念，每個氏族都被指定了一個神話的方向。水氏族被認爲屬於水的區域。[66]死者的定位都在傳說中的祖先阿爾徹靈迦曾經居住過的神祕營地的那個方向上。在某些儀典（穿鼻儀典、拔掉門牙的儀典）中，都涉及了母親的神話祖先的營地方向。[67]在庫林人（Kulin）和新南威爾斯沿岸

63 見本書第三十二—三十四頁。

64 Pfeil 1899，第二十八頁。

65 Spencer & Gillen 1899，第三十二、七十、二七七、二八七、三二四、五〇一頁。

66 Spencer & Gillen 1899，第一八九頁。

67 Spencer & Gillen 1899，第四九六頁。這明顯是氏族早期的或者是已經過時的定位。我們認爲，我們看到的更像是已經過時的定位的痕跡。如果氏族是在胞族中劃分出來的這一點能夠得到認可——對此我們已有論證（涂爾幹：《論圖騰制度》，載於《社會學年鑑》第五卷，一九〇二年，第八十二—一二一頁），那麼，由於胞族曾有這樣的定位，所以氏族過去必定也有這樣的定位。

的一大批部落中，各個氏族在部落集會中的定位，皆取決於他們來自於視平線上的哪個方向。[68]

有鑑於此，我們就很容易理解依據方向的分類是如何確立起來的了。事物首先是依據氏族和圖騰來分類的。但是，我們剛才所講到的氏族的嚴格定位，必然會導致劃歸氏族的事物的相應定位。舉例來說，自從狼族屬於營地中某塊地方的那一刻起，劃歸到這一圖騰的各種事物也就必然隨之都有了相同的歸宿。因而，只要營地以某種確定的方式有所定向，那麼它的所有部分，連同組成它的每樣事物，無論是人還是物，也就隨即全都有了定向。換句話說，從此以後，所有事物都會被認爲，它們在本性上和空間上某個確定的區域具有同樣確定的關係。當然，這樣劃分的只是部落空間。但是，對原始人而言，部落構成了全人類，創建部落的祖先就是人類的祖宗和締造者，同樣，營地的觀念也完全等同於世界的觀念。[69]營地就是宇宙的中心，整個宇宙就集中在營地之內。所以，宇宙空間和部落空間區別尚不足

68 Howitt 1884c，第四四一、四四二頁。卡蜜拉羅伊人的情況也與之相似（Mathews 1895，第四一四頁；一八九六，第三二一、三二六頁）。

69 在羅馬人那裡也還找得到這種觀念的痕跡：「人類」（mundus）既有世界的意思，也有國民會議（comitia）的集合場地的意思。所以，部落（或城邦）就等同於人類的觀念，這絕不單純是民族自豪感的膨脹，而應該歸結爲那種把部落當作是宇宙之小宇宙（microcosm of the universe）的觀念體系。

論，心靈不費吹灰之力就可以從一個空間過渡到另一個空間，而且幾乎毫無察覺。透過這種方式，事物就和特定的方位聯繫在一起了。不過，只要胞族和氏族的組織還勢頭正旺，只要依據氏族的分類還占有主導地位，那麼事物就要透過圖騰才能委附於區域。我們已經看到，在祖尼人中，至少對某些事物來說，還是這種情況。但如果圖騰群體中出現了過於精細的等級劃分，如果圖騰群體消失了，或是被相互間簡單並置的地方群體代替了，那麼順理成章，依據方位的分類就成了唯一的可能。[70]

綜上所述，我們剛才所研究的兩種分類類型，都表達了它們建構於其中的那個社會，只不過側重面有所不同罷了；它們一個以部落的法制和宗教組織為藍本，一個以部落的形態組織為藍本。如果要確立事物間親屬關係的紐帶，要建構日益廣泛的動物族群和現象門類，那麼只要借助家庭、氏族和胞族所提供的觀念，只要以圖騰神話為起點，就可以大功告成。而如果要確立的是空間區域之間的關係，那就要以社會中人們所維繫著的空間關係為出發點了。前者的框架是由氏族本身提供的，而後者的框架則來自氏族當場造成的物質印記。總之，兩種形式的起源都是社會。

70 在這種情況下，地方群體所賦有的特定力量就是先前分類體系的遺存。例如，在庫爾奈人中，每個地方群體都是某種風的主人，這種風被認為是從它那邊吹來的。

四　中國

我們將要描述的最後一種分類類型，至少就其原則而言，能夠呈現出上述分類的所有基本特徵；唯獨一點例外，那就是在我們所知道的範圍內，它一貫獨立於任何社會組織。在這樣的分類類型中，最引人注目、最富有啓發性的傑作，就是中國人的察天文、觀星象、利用地磁和星術來進行卜占預測的體系。這個體系所依託的歷史，可以回溯到最爲久遠的過去；它肯定比中國現存最早的可信的斷代文獻還要源遠流長。[1]因爲早在我們紀元的最初幾個世紀，它就已經發展成熟了。另一方面，我們之所以將要先對中國進行研究，還因爲這種體系並不是這個國家所獨有的，它見於遠東的各個地區。[2]暹羅人、柬埔寨人等全都知道這個體系，並應用著這個體系。在這些民族看來，它表達了「道」（Tao），即自然。它是我們通常所說的道家（Taoism）的全部哲學和膜拜的基礎。[3]在人類已知的爲數最多的人口中，它掌管著生活的所有細節。

鑒於這種體系的重要性，我們至多只能勾勒出它的主要特點。我們想要說明的是，它在

---

1 de Groot 1892-1910，第三一九頁；參見第九八二頁及以下諸頁。

2 de Groot 1892-1910，第九八九頁。

3 de Groot 1892-1910，第九八九頁。

一般原則上與我們迄今為止已經探討過的體系具有一致之處，為此，我們將僅限於描述那些必然能夠展現出這一特點的東西。

這個體系本身又是由大量相互混同的體系組成的。該體系所依據的最基本的原則之一，是在四個基本方向上的空間劃分。在這四個區域中，每個區域都由一種動物主管，並且以這種動物的名字來命名。更確切地說，這種動物和它所在的區域已經被認同為一：青龍為東、朱雀為南、白虎為西、玄武為北。每個區域都具有該方動物的那種顏色。但一塊地方到底是吉是凶，條件始終處於變動之中，我們在此無法逐一詳述。而且，這種負責一方的象徵動物，既管天也管地。例如，如果一座山或一處地形看上去像是老虎，那它就屬虎屬西；如果像龍，那它就從龍從東。於是乎，如果某個地方周圍事物的面貌與它們的定向相吻合，比如說西面的事物有虎形，東面的事物有龍貌，那麼，這裡就會被認為是一塊福地。[4]

4 實際情況要比這複雜得多。四個區域又各分有七個星座，共包括二十八個星群。（眾所周知，很多學者認為，在整個東方，星宿之說都是源於中國的。）〔指二十八宿。中國的二十八宿分為四組，每組七宿，配四方四物。以北斗斗柄所指的角宿為起點，由西向東，它們排列如下：東方蒼龍：角、亢、氐、房、心、尾、箕；北方玄武：斗、牛、女、虛、危、室、壁；西方白虎：奎、婁、胃、昴、畢、觜、參；南方朱鳥：井、鬼、柳、星、張、翼、軫。古印度、波斯、阿拉伯亦有類似之說。——中譯注〕星象、地形乃至氣氛的每個方位點之間的區域又一分爲二，結果總共就有了對應於八個羅盤方位的八個分區。[5]這八個方向，依次與八種力量緊密相連，由畫在堪輿羅盤中心的八個三連符號來代表。在八種力量中，首先，是處在兩極的（第一和第八）兩相對立的地與天的實體；然後，是位於它們之間的另外六種力量，它們分別是：(1)霧靄、雲霓、飛霞等等；(2)火、熱、太陽、光、閃電；(3)雷；(4)風與木；(5)水、江河湖海；以及(6)山。[6]

這樣，一些基本的要素，就分布在了各個羅盤方位上。而每一個要素，又分別被附加了一組事物：乾（khien）：天，光的純粹本原，雄性等等，位於南方。[7]它「代表著」穩定性和力，代表著頭、天界、父、君、圓、駑馬、金屬、冰、紅色、良馬、老馬、瘦馬、雜

影響都融會貫通在這種稱爲「風水」（fung-shui），即風與水的體系中。有關這一體系，參見高延的書（de Groot 1892-1910，第三卷，第一篇，第七章以及前引文所涉及的部分）。

5 de Groot 1892-1910，第九六〇頁。

6 按照涂爾幹和莫斯所列的順序，其相應卦名和卦象應該是：坤、地；乾、天；兌、澤；離、火；震、雷；巽、風；坎、水；艮、山。——中譯注

7 見《易經》（*Yi-King*）第十五章，理雅各（Legge）之譯本（1882）。我們所依據的是高延的羅列（第九六四頁）。自然，這種分類絲毫沒有希臘人或歐洲人的那種邏輯。矛盾、偏離以及重疊充斥其中。因此，它在我們眼中也就更加有趣了。〔此處所列的分類出自《易傳．說卦傳》，內容與中文原典基本一致。——中譯注〕

色馬、[8]樹木的果實等等。換言之，天包含著這些不同種類的事物，就像我們的屬也包括很多種一樣。坤（Khwun），雌性的本原、土地與黑暗的本原，向北方；它包括馴服、牛、腹部、地母、布、鍋、多、黑色、大車等等。巽（Sun）意味著進入；屬於它的有風、木、長、高、禽、大腿、長女、進退、所有百分之三百的收穫[9]等等。我們僅限於舉這幾個例子而已。像這樣劃歸到這八種力量之下的各種動物、事件、屬性、物質和意外遭遇眞是不勝枚舉。它採用一種眞知（gnosis）[10]或祕義（cabbala）[11]的方式，涵蓋了整個世界。經典作者

---

8 涂爾幹和莫斯說是「壯馬」（un gros cheval），接著又說「劍」（un bancale），但這是高延原書所沒有的，原書在此處是「雜色馬」。——英譯注〔高延原文是正確的。依《易傳》，「瘠馬」和「木果」之間爲「駁馬」。——中譯注〕

9 對於「百分之三百」，涂爾幹寫作「百分之三」。此處以及本段中的其他多處的事物排列順序都和高延原本中的順序有很大不同。——英譯注〔應爲「百分之三百」，《易傳》原文是「近利市三倍」。本文中的排列順序也確實與《易傳》略有出入。——中譯注〕

10 即「諾斯」，諾斯替教（Gnosticism）用語。諾斯替教是一種融合多種信仰，把神學和哲學結合在一起的祕傳宗教，強調只有領悟了神祕的「諾斯」，即眞知，才能使靈魂得救，西元一—三世紀流行於地中海東部各地。——中譯注

11 原義指猶太教神祕哲學，即由中世紀一些猶太教士發展而成的對《聖經》作神祕解釋的學說。——中譯注

及其效仿者們，以一種取之不盡、用之不竭的天才與激情，縱橫揮灑，在這一主題上展開了無盡無休的玄思。

除了根據這八種力量的分類以外，還有一種分類，把事物分配於土、水、木、金和火這五大要素的名目之下。我們注意到，前者也不是不能還原爲後者的；假如刨除了山，再把霧化作水，把雷併入火，那麼這兩種劃分就恰好吻合。

不管這兩種分類究竟是一個從另一個之中導源而出的，還是一個疊加在另一個之上的，反正這五大要素也扮演著與八種力量同樣的角色。不僅萬物都根據它們的組成物質或者它們的形式而與這些要素聯繫在一起，而且，歷史事件、地形地貌等等也都與這些要素相關。[12]行星也都歸諸這五大要素：金星就是金之星，火星就是火之星，如此等等。另外，這種分類整體上還涉及區域體系，因爲每一個要素都定位於一個基本的分區。我們完全可以把土放在宇宙的中心，同樣我們也有充分的根據把其他要素分派到四個空間區域。於是，它們也像區域一樣，有吉凶、強弱、生成與被生成之分。

我們姑且不再追述在數千年傳統中精心構築起來的中國哲學了。爲了把上述體系的基本原則應用於各種事實，區域和事物的劃分與再劃分可以永無休止地增加和複雜化。甚至，

12 de Groot 1892-1910，第九五六頁。

對那些最明顯不過的矛盾也無須擔心。例如，可以發現，土就被認爲有時居北，有時居東北，有時又居中。[13]事實上，這種分類首先是用來規定人們的行爲的，而它之所以能夠避免經驗中的矛盾而做到這一點，全要歸功於它那無可比擬的複雜性。

不過，中國體系中最後還有一項複雜的內容仍有待闡述，這就是：像空間、事物和事件一樣，時間本身也構成了分類的一部分。四季對應於四方。每方區域又一分爲六，這樣，二十四個分區就自然而然地對應於中國人一年中的二十四個節氣了。[14]這種一致性並不出乎意料，在我們上文已經講到過的所有思想體系中，季節的重要性和空間的重要性都是相比肩的。[15]只要方位一定，季節就必然和方位點聯繫在一起，如冬天和北方、夏天和南方等等，都可以以此類推。但季節之分還只是測度時間的第一步。爲了臻於完善，這種體系另外還設想了一套對週期、年、日和時的劃分，提供了巨細兼有的各種時間尺度。中國人實現這一結果的方法是：他們建構了兩個循環，一個有十二項，一個有十項，所有這些項都有其自己的

13 通常，五行與五方的對應如下：東南中西北——木火土金水。——中譯注

14 de Groot 1892-1910，第九六八頁。

15 見本書第五十三頁。

名字和本性，所以，任何一個時刻就都可以採用取自這兩個循環的雙重特性來表現了。[16]無論是年還是月，是日還是時，這兩個循環都同時並用，於是就實現了對時間的相當精確的度量。結果，它們的組合就形成了一種六十進位的週期，[17]因爲十二項的循環歷經五輪、同時十項的循環歷經六輪以後，一組雙重特性恰好重現，並使時間段又得到了同樣的定性。和季節一樣，他們劃分出的兩個循環都與羅盤方位聯繫在一起，[18]而且透過四個方位點與五大要素繫於一處。這樣，中國人就形成了一種對我們現行的觀念來說簡直是不可思議的觀念，即非同質的時間觀念。他們的時間由五大要素、方位點、色彩以及附屬於它們的種種事物爲象徵，並且時間的不同部分要受到千變萬化的各種影響的支配。[19]

然而，這還不是全部。六十年一循環中的十二年，進而又跟十二種動物聯繫起來，其順序如下：鼠、牛、虎、兔、龍、蛇、馬、羊、猴、雞、狗、豬。[20]這十二種動物每三個一

16 見de Groot 1892-1910，第九六〇、九七三頁。在最古老的經典中它們被稱爲十位母親和十二個孩子。

17 十二和六十的劃分既是中國人測算天體循環的基礎，也是他們劃分堪輿羅盤的基礎。

18 de Groot 1892-1910，第九六七頁。

19 de Groot 1892-1910，第九六八－九八八頁。

20 de Groot 1892-1910，第四十四、九八七頁。

組，分布在四個方位軸之間，透過這種方式，時間的劃分[21]也就跟總的體系聯繫起來了。例如，有一本書就從頭這樣歷數道：「子（tsz）年以鼠爲獸，屬北屬水；午（wu）年屬火亦屬南，其獸爲馬」等等。[22]年分不僅歸入了五大要素，[23]而且同樣也歸入了用動物來代表自身的區域。顯然，我們所面對的必定是錯綜紛繁的分類，然而，儘管其中矛盾重重，它們卻牢牢地把握住了實在，並足以提供一種相當有用的行動指南。[24]

---

21 我們不禁想到，這十二項的循環和由動物代表的十二年，原本可能都是同一種時間的劃分方式，只是一個是隱祕的說法，一種是通俗的說法。有一個中國文本說「這兩個十二彼此相屬」，這似乎表明它們只是一個十二，但用來表示它的符號不同。

22 高延的原文是這樣的：「子同於水，其獸爲鼠；午合於火，其獸爲馬。」關於方向的說法是涂爾幹和莫斯插進去的。——英譯注〔儘管如此，但涂爾幹和莫斯的說法也是正確的。十二辰與四方的關係如下：辰、卯、寅屬東，丑、子、亥屬北，戌、酉、申屬西，未、午、巳屬南。——中譯注〕

23 這裡要素也只有四個，因爲土在這裡已不是一個要素，而是首要的原則了。這種安排，肯定是想要在要素和十二個動物之間確立一種算術關係。中國體系中矛盾無數。

24 Williams 1899，第二卷，第六十九頁及以下諸頁。威廉斯把十項的那個循環還原成了五大要素，這十項中每一對相應於一個要素。另外，十項的劃分也很可能是五區域定向的一部分，而十二項的劃分很可能是四方定向的一部分。

區域、季節、事物和物種的分類支配了中國人的全部生活。這種分類是家喻戶曉的風水信條的原則，透過風水，它決定著建築的朝向、村莊和房屋的建設以及墳墓的位置。之所以有些事要在這裡完成，而有些事要在那裡實施；之所以某些事務只能在這麼一個時間去做，這全都取決於基於這種傳統體系的種種根據。而且，這些根據並不只是考慮了地理因素的占卜，它們同時也來自於對年、月、日、時的詳察：此時此刻吉利的方向換一時間可能就會變得不再吉利。季節不同，力也有和諧沖剋之分。這樣，不僅每樣事物在時間上和空間上是異質的，而且就在一個體系之內，時空這兩方面的設置也還有相應、相剋或相合的不同情況。正是所有這些無窮無盡的要素組合起來，才確定了事物在本性上的屬和種，確定了力的運動方向，確定了什麼是必須採取的行動。因而，這種哲學給我們留下的印象，既是深奧的又是幼稚的，既是粗陋的又是精妙的。那麼，我們在此就得到了一個極具典型性的案例：集體思想在以一種深思熟慮和博學廣奧的方式，攝理著那些顯然十分原始的主題。

實際上，雖然我們沒有辦法在中國人的分類體系與我們先前所研究的分類類型之間建立一種歷史的聯繫，但是，卻不能不承認它們都是以相同的原則爲基礎的。除去中國沒有氏族的觀念以外，事物分屬八個方向和八種力量的分類，事實上就是把宇宙劃分成了八個家族，這就如同澳洲的分類。而且，我們發現，中國分類體系的基礎和祖尼人一樣，都把空間劃分成了完全相似的基本區域；這些區域都與某些要素、羅盤方位以及季節相關。再者，在祖尼人中，每個區域都有自身的顏色，並主要受到某種動物的影響，這種動物同時象徵著要素、力量和時刻。誠然，我們無法確認這些動物過去曾是圖騰。而即使氏族在中國仍然具有重要的地位；即使他們仍然具有嚴格意義上的圖騰氏族的鮮明特點，也就是說，保持著外婚制；似乎中國人從前也並不是以這些指稱區域或時間的動物來命名的。然而，令人驚奇的是，據一位當代的作者說，在暹羅，同年同屬相的人之間還是存在著婚姻禁忌，甚至不是出生在同一輪中的同屬相的人也須如此；[25]這就是說，在婚姻關係上，個體與他所屬的動物之間的關係與其他社會中個體與其圖騰的關係具有同樣的效果。此外，我們知道，中國人在議定婚姻時先要諮詢占卜者，而其中有關出生時星象的考察和生辰八字的考察發揮著相當

---

25 Young 1898，第九十二頁。〔揚實際上只是說：「生於某些年的兩人不應結婚，因爲他們的結合將只能得到無休無止的不和。例如生在『狗年』的人根本不可能和生在『鼠年』的人和和美美地生活。」這裡沒有提到同年同屬相的人之間的婚姻禁忌，不管他們是生於哪一輪中的。——英譯注〕其他作者只提到了對占卜者的諮詢和對生辰的考察。見Pallegoix 1854，第一卷，第二五三頁；一八九六，第ii頁；Chevillard 1889，第二五二頁，參見第一五四頁；La Loubère 1714，第一卷，第一五六頁，第二卷，第六十二頁。這種循環似乎具有相當複雜的歷史。柬埔寨也使用和中國一樣的循環週期（Moura 1878，第十五頁），但無論是著作，還是法典，都沒有講到過與這種循環有關的婚姻禁忌的任何東西（Leclère 1898）。因此，或許這是一種十分簡單的信仰，唯獨來自占卜，而在這些社會中，屬中國人的占卜格外流行。

重要的作用。[26]當然，我們沒有看到任何一個作者提到，屬於同年或同名的兩年的個體按規定禁止結婚。不過，這種婚姻有可能被認爲是非常不吉利的。無論如何，雖然我們在中國沒有發現這種相同屬相的人群之間的外婚制，但從另一個角度來看，這些人之間畢竟還是存在著一種準家族的關係。實際上，杜利特爾告訴我們，每個人都被認爲是屬於一種特定的動物的，[27]而屬於同一動物的人不能參加對方的葬禮。[28]

26 Doolittle 1876，第一卷，第六十六頁和第六十九頁。

27 Doolittle 1876，第二卷，第三四一頁。

28 Doolittle 1876，第二卷，第三四二頁。參見de Groot 1892-1910，第一卷，第一篇，第一部分，第一〇六頁，他以不同的方式表述了相同的事實。〔其實這不是杜利特爾（Doolittle）所說的意思。算命的人在發生了某件事情的時候，要提防或避開「某種屬象」。「這只是說，在那年出生而屬這種動物的人，在所提到的諸如建房、入殮、婚禮等場合中不應在場。」他並沒有說不能參加同一屬相的人的葬禮。而且，涂爾幹和莫斯在高延的著作中所引證的地方，也不支持他們的推斷。原文如下：「如果根據〔占卜用的〕週期，舉行重要事務的那一天或那個時辰的日期特性與某人的星象所具有的特性相剋，那麼不論這個人是參加者還是主要角色，這件事無論怎樣都不會給他帶來好運……如果推算中再考慮到年和月，那就更完整了。然而……選擇是極其簡明的，以至於幾乎沒有任何餘地留給算命先生自行裁度。」（第一〇四頁）顯而易見，從這些記述來看，即使與死者同屬一種動物的人不能參加他的葬禮的說法不是沒有絲毫可能，那也不能簡單地就得出這種結論。——英譯注〕

在中國這樣開化的國家，我們至少還發現了一些痕跡，可以使我們聯想起那些在更簡單的社會中所觀察到的分類。然而，中國並非孤例。

首先，我們剛才已經看到，中國分類在本質上是占卜的工具。而希臘的占卜方法酷似中國，這種相似預示著他們是用性質相同的程序來劃分基本觀念的。[29]很可能是出於占星的需要，希臘人用各種要素和金屬來指稱行星的情形與中國人如出一轍。火星是火，土星是水等等。[30]某些事件與某些行星之間的關係，對空間和時間的兼顧，某一區域與一年中的某一時間以及某種事務之間特定的對應性，這一切在這兩個不同的社會可謂不謀而合。[31]還有一個更為奇異的巧合，可以讓我們在中國人、希臘人甚至還有埃及人的星象學和相面術之間建立聯繫。希臘人根據黃道和行星來占卜的理論（據說該理論源於埃及[32]），要在身體的特定部位與行星的特定位置、特定的方向與特定的事件之間確立嚴格的對應關係。而在中國，也存在著一種廣為流傳的學說，它的基礎正是同樣的原則。每一種要素都與一個方向、一

29 甚至可以懷疑這兩個民族有沒有相互借用的情況發生。

30 Bouché-Leclercq 1899，第三一一頁及以下諸頁，第三一六頁。

31 Epicurus透過仔細探討，認為以（天體的？）動物為基礎的預測所基於的假設，就是時間、方向和神創事件的耦合（Usener 1887，第五十五頁，第十三行）。

32 Bouché-Leclercq 1899，第三一九、七十六頁及以下諸頁。參見Ebers 1901。

個星群和一種顏色聯繫起來，繼而，人們還認為這些不同的事物對應於擁有不同靈魂的各種器官，對應於情感，對應於「稟性」的各個部分。例如，「陽」（yang），是光明和天空的雄性本原，內臟為肝、膀胱為腑，開竅於耳和肛門。[33]這種理論明顯具有一種普遍性特徵，它並不僅僅是一些稀奇古怪的東西，其中蘊涵了人們構想事物的特定方式。透過這種方式，個體實際上成為了宇宙的參照，事物在一定意義上被表達為鮮活的肌體功能。這是一種名副其實的小宇宙理論。

而且，占卜與事物分類具有上述關係，是再自然不過的事情了。每一次占卜儀式，無論有多麼簡單，它的依據都是特定存在之間預先具有的相互感應，是傳統所承認的特定記號與某種未來事件的緊密聯繫。何況，占卜儀式通常都不是孤立的，它往往是一個有組織的整體的一部分；因此，占卜的科學並不會形成相互隔絕的各組事物，反而會把各組事物彼此聯繫起來。所以，占卜體系的基礎至少是一種含蓄的分類體系。

33 據Pan-ku，一位二世紀的作者，他的說法基於更為古老的典籍（de Groot 1892-1910，第四卷，第十三頁及以下諸頁）。〔高延在第十二—二十五頁的解說複雜而有體系，這裡所給出的此類隱祕說法的例子，不但是細微末節，而且支離破碎，讓人莫名其妙。——英譯注〕〔「Pan-ku」似指班固（32-92），但年代不符，且在《漢書》、《白虎通》中亦難檢核出與引文十分貼切之處。——中譯注〕

其次，尤其需要指出的是，我們在開化社會的神話中，可以說輕而易舉地就能夠發現完全類似於澳洲人或北美印第安人的分類方式。每種神話基本上都是一種分類，只不過它所依據的原則來自於宗教信仰，而不是科學觀念。高度組織起來的眾神分攤了全部自然，就像在其他地方宇宙都分配給了各個氏族一樣。例如，印度就如同中國人把萬物都根據陽和陰（yin）這兩大基本原則來分類一樣，把事物和它們的神劃分到了天、地、氣三個世界之中。把某些事物依據本性委諸神，就相當於把這些事物劃歸到同一個屬的名頭之下，亦即把它們劃分到了同一個類別之中。使諸神相互聯繫起來的系譜和身分，就蘊涵著借助這些神明所表現出來的事物類別之間的並列關係或從屬關係。當人們說，宙斯作為人類與諸神之父把生命賦予了雅典娜這位戰爭女神、智慧女神和貓頭鷹之主，這實際上意味著，有兩組意象被聯繫在一起，它們的相互關係就是不同分類之間的關係。每一個神都有它的互體（double），這些互體是它本身的另外一些形式，卻有其他的功能；因而，不同的力量以及它們所作用的不同事物，就被歸附於一個中心的觀念，或者說是主導的觀念。而這種關係，就相當於種與屬的關係或是次級的變種與主要的種之間的關係。例如對河神波塞頓（Poseidon）[34]來說，就還有一些稍遜一籌的人格附著於他，如農

34 Usener 1898，第三五七頁。

耕神（阿法柔斯〔Aphareus〕、阿羅歐斯〔Aloeus〕、農人、打穀者）、馬神（阿克托爾〔Actor〕、艾拉托斯〔Elatos〕、希波孔〔Hippocoon〕等等）和草木神（菲塔爾彌俄斯〔Phutalmios〕）。[35]

這種分類作爲已經發展得很完善的神話基本要素，在宗教思想的演進中發揮了重要的作用。它們促進了由多神向一神的簡化，因而爲一神教開闢了道路。作爲婆羅門神話特徵的「單一主神信仰」（henotheism），[36]至少在發展到一定階段以後，就確實傾向於讓越來越多的神相互化約，以至最終使每個神都擁有其他神的特點，甚至還擁有其他神的名字。從某種角度來看，在佛教產生以前，印度的泛神論就是一種不太穩定的分類，其中的屬很容易變成種，反之亦然；然而，這卻體現出了一種日漸增長的歸爲一統的傾向。濕婆教派（Śivaism）和毗濕奴派（Vishnuism）的情況也是如此。[37]烏澤那也曾指出，[38]希臘和羅馬

35 波塞頓是古希臘的海神，關於他的神話有很多，他與馬、地下水、豐收等等都有關係。這裡列出的諸神都是與波塞頓密切相關的，如阿羅歐斯是他的兒子，菲塔爾彌俄斯是他的別名，意即「豐產者」等等。——中譯注

36 這是馬克斯·繆勒造的詞，但他卻誤用在原始形式的婆羅門教上。

37 Barth 1891，第二十九頁，第一六〇頁及以下諸頁。

38 Usener 1898，第三四六頁及以下諸頁。

的多神論漸進體系化的過程，就是西方一神論得以產生的一個基本條件。[39] 次要的、地方性的神和專門化的神逐漸地從屬於那些更爲一般的主神，從屬於那些本性更強大的神，並且傾向於被它們所吸收。有一段時間，有關前者的某些特定觀念還保留著，那些舊神的名字和大神的名字同時並存，不過它們只是附屬於後者的。此後，舊神的存在越來越有名無實，直到有一天，只剩下那些大神了。即使在宗教儀式上不盡如此，那麼至少在神話中是這樣的。幾乎可以說，當神話分類日益圓滿和體系化之後，當它們囊括了宇宙之後，實際上也就宣布了確切意義上的神話的終結。潘（Pan）、[40] 婆羅門（Brahmán）、生主（Prājapati），[41] 這些高級的屬、徹底的和純粹的存在，差不多像基督教的超驗的上帝一樣，都是些難以爲其造像的神話形象。

因此，我們不知不覺地就已經觸及到了抽象的並且是比較合理的分類類型，正是它爲最早的哲學分類戴上了冠冕。可以肯定，中國哲學，就道家而言，是建立在我們所描述的分類類型的基礎上的。在希臘，雖然並沒有期望確定其學說的歷史起源，但我們不能不注意

---

39 〔涂爾幹和莫斯這裡寫的是「多神崇拜」，但烏澤那第三四七頁的原文是：「於是……多神論……逐漸演化成爲一神論的觀念。」——英譯注〕

40 潘，希臘神話中的畜牧神。原本是地方性的神，後來逐漸被當成了體現宇宙的普遍性和完整性的主要的神，並出現了一些從屬於他的潘和小潘。——中譯注

41 印度教的創造之神。——中譯注

到，事物也是在兩個原則之間進行劃分的——在赫拉克利特愛奧尼亞學派那裡是戰爭與和平，在恩培多克勒（Empedocles）是愛與恨，這確實與中國的陰陽分類有異曲同工之妙。畢達哥拉斯學派在數、素、性與某些其他事物之間確立起來的聯繫，不禁讓人聯想起我們已經討論過的那種源於巫術—宗教的對應性。而且，甚至在柏拉圖時代，世界仍然被構想成一個分門別類、等級森嚴的龐大的感應體系。[42]

42 印度哲學中充斥著對事物、要素、方向和本質的對應式分類。多伊森（Deussen）已將其中主要的一些列了出來，並且有所評論（1894，第一卷，第二部分，第八十五、八十九、九十五頁等）。《奧義書》（*Upanishads*）〔印度教古代吠陀教義的思辨作品，爲後世各派印度哲學所依據。——中譯注〕的大部分都是對系譜和對應關係的思索。

五　結論

因此，原始分類絕不是個別或例外的，也絕不是與開化民族所採用的分類格格不入的；恰恰相反，它們似乎可以在絲毫不打破連續性的情況下，與最初的科學分類一脈相通。事實上，縱然原始分類在某些方面與科學分類具有很大差別，前者也已經具備了後者的所有本質特徵。首先，像所有精密的分類一樣，原始分類也具有等級觀念的體系。原始分類並沒有簡單地把事物安排在孤立的群體中，相反，這些群體相互間具有確定的關係，它們共同組成了一個單一的整體。而且，像科學一樣，這種體系還具有純粹的思辨目的。它們的目標不是輔助行動，而是增進理解，使事物之間的關係變得明白易懂。一旦給出了某些作為基礎的概念，心靈就會感到一種需要，要把對其他事物所形成的觀念與它們聯繫起來。於是，這種分類首先就要聯繫觀念，統一知識。因此，可以毫不誇張地說，它們將成為科學的分類，它們將建構最初的自然哲學。[1] 澳洲人並不是從規範他們行為的角度出發，甚至也不是從證明他

1 所以，這種分類可以與技術分類非常清楚地區別開來。對於人們賴以為生的東西，人們總是可以依據他們使用或取得這些事物的方式，或明確或不那麼明確地予以分類。例如，劃分出生活在水中的動物和生活在天上、地上的動物。然而，首先，這樣的分組彼此既不相關，也沒有成為體系。它們是觀念的劃分和區別，但不是分類圖式。其次，很明顯，這種區別與實用的目的緊密相連，它們只表達出了事物的特定方面。由於這個原因，我們在本書中沒有講到技術分類。我們努力的宗旨，是要對作為科學分類之基礎的邏輯程序的起源能夠有所洞徹。

們實踐的考慮出發，才在其部落的各種圖騰之間劃分宇宙的。對他們來說，圖騰觀念是最基本的，他們必然要把他們所知道的其他所有事物都與圖騰聯繫起來。所以，我們可以認爲，這種非常古老的分類所依賴的條件，對於一般意義上的分類功能的生成也發揮了重要的作用。

我們的研究結果表明，這些條件在本質上是社會的。事情非但不像弗雷澤想像的那樣，人們的社會關係要以事物之間的邏輯關係爲基礎，而且事實上，正是前者爲後者提供了原型。弗雷澤說，人們之所以劃分爲氏族，依據的是先已存在的事物分類；然而，恰恰相反，人們之所以將事物這樣分類，正是因爲他們是依據氏族劃分的。

實際上，我們已經看到了這種分類是如何以最切近的、最基礎的社會組織形式爲模型的。不過，事情還不止於此。社會並不單純是分類思想所遵循的模型；分類體系的分支也正是社會自身的分支。最初的邏輯範疇就是社會範疇，最初的事物分類就是人的分類，事物正是在這些分類中被整合起來的。因爲人們被分爲各個群體，同時也用群體的形式來思考自身，他們在觀念中也要對其他事物進行分門別類的處理，這樣，最初這兩種分類模式就毫無差別地融合起來了。胞族是最早的屬；氏族是最早的種。事物被認爲是社會的固有組成部分，它們在社會中的位置決定了它們在自然中的位置。我們甚至可以懷疑，通常用來構想各個屬的圖式方法，是不是也在部分上取決於同樣的影響。一個隨處可見的事實是，人們一般都把組成事物的東西想像成是位於觀念架構中某一點上的東西，它們具有或多或少明確劃定了界線的空間範圍。概念以及概念之間的相互關係每每被表現爲一些同心的或不同心的圓、相互包含或不包含的圓，這肯定是不無原因的。人們在想像純粹的邏輯分類時，所用的形式反而與其眞實性質大異其趣，那麼這種傾向有沒有可能來源於這樣一個事實：即最初邏輯分類就是用社會群體所採用的形式以及它們在空間中的確定位置來構想的呢？而且，我們實際上不是已經看到，在爲數眾多的千差萬別的社會中，屬和種都具有這種空間定位嗎？

不僅類別的外在形式具有社會的起源，而且把這些類別相互連接起來的關係也源於社會。這是因爲，人類群體是環環相扣的：次氏族組成氏族，氏族組成胞族，胞族又組成部落，所以事物的分類也就採取了同樣的秩序。它們在跨度上有規律地縮小，從屬到種，從種到變種，如此等等。它們的縮小程度，就來自於從最大、最古老的社會群體到比較新、比較細緻的社會群體的變化過程中所呈現出來的同等的縮小程度。而且，如果事物的全體被構想爲一個單一的體系，這是因爲社會本身看上去就是這個樣子的。社會是一個整體，進一步說，社會就是那個與之相關的所有事物所組成的獨一無二的整體。因而，邏輯等級就是社會等級的另一側面，而知識的統一性也不過就是擴展到了宇宙的集體的統一性而已。

此外，把同一類別的事物或不同類別的事物相互聯繫起來的紐帶，本身也被構想爲社會的紐帶。我們還記得，起初，人們對這種關係的表達仍然具有道德的意涵，儘管它們對我們來說不過是一種隱喻，但是原來它們可是名副其實的。與社會屬於同一類別的事物確實被看作是該社會群體的親屬，因而這些事物相互之間也都是親屬。它們具有「同樣的血肉」，屬於同一個家族。因此，在一定意義上，邏輯關係就是家庭關係。而且，就像我們已經看到的那樣，有時候，邏輯關係在各個方面也完全可以比之於主人與其所有物之間的關係、首領與其屬民的關係。屬比種優越的觀念，從實證的觀點看是非常離奇的；對此，我們甚至可以推測，抑或從上述社會關係中，完全可以看出這種觀念的原初形式來。就像唯實論所說的一般觀念支配著個體那樣，氏族圖騰也支配著次氏族的圖騰，並且進一步支配著個體的個人圖騰；而只要胞族保持著它原初的穩定性，那麼相對於組成胞族的分支，相對於這些分支中所包括的那些事物，胞族就具有首要的地位。雖然霍維特所記述的一個沃喬巴盧克人說，他基本上是Wartwut人，部分上是Moiwiluk人，[2]但是，他首先得是Krokitch胞族人或Gamutch胞族人。在祖尼人中，象徵六個主要氏族的動物，對於它們各自的次氏族和劃歸各個次氏族的那些動物來說，都具有管轄的主權。

不過，雖然透過以上論述，已經使我們能夠理解，在一個單一體系之中相互聯繫的類別觀念是如何誕生的，但我們仍然沒有弄清，究竟是什麼力量導致了人們要把事物按照這樣的方式進行分門別類。誠然，分類的外在形式是由社會提供的，然而，從這一事實並不必然就能得出結論，認爲這種框架的使用方式也可以歸諸具有同一起源的原因。先驗地說，有一

2 Wartwut是氏族圖騰，Moiwiluk是次級圖騰。參見本書「澳洲分類類型」篇尾。——中譯注

種截然不同的動機決定了事物聯繫與融合的方式，或者相反，決定了事物區別與對立的方式，這也是非常可能的啊！

然而，我們現在所擁有的邏輯關聯的概念，反而使我們摒棄了這種假設。我們剛才看到，事實上，邏輯關聯是透過家庭關聯的形式，或者經濟關係、政治屬從關係的形式加以表現的；所以，作爲家庭、社會和其他各種組織之基礎的那種情感，在事物的邏輯劃分上也同樣行之有效。事物或相互吸引，或相互對立，這與人們或因親屬關係而聯合、或因族間血仇而對抗完全同出一轍。這兩者是融爲一體的，就像擁有共同情感的一家人那樣融洽。有些事物從屬於另一些事物，而這與某樣東西低於它的所有者，與臣民隸屬於他們的主人，都是何其相似乃爾！正是這種集體心靈（âme）的狀態產生了這種分類，而且這種狀態可謂富有成效。事物之間具有與個體之間一樣的情感親和性，事物就是根據這種親和性進行分類的。

從而，我們得出如下結論：分類所劃分的不可能是概念，分類所依據的也不可能是純粹知性的法則。因爲，要使觀念能夠根據情感而成體系地加以安排，那麼這些觀念就必然不可能是純粹的觀念，它們本身應該是情感的產物。事實上，對於那些所謂的原始人來說，一種事物並不是單純的知識客體，而首先對應的是一種特定的情感態度。在對事物形成的表現中，組合著各種各樣的情感要素。尤其是宗教情感，不但會使事物染上一層獨特的色彩，而且也賦予了事物構成其本質的最重要的屬性。事物首先是神聖的或凡俗的，是純潔的或不純潔的，是朋友或敵人，是吉利的或不吉利的；[3]這就是說，它們最基本的特徵所表達的完全是它們對社會感情的作用方式。決定事物分類方式的差異性和相似性，在更大程度上取決於情感，而不是理智。事物本性之所以在不同的社會中會發生改變，是因為它們對群體情感的影響是不同的。在一個社會中被認為是完全同質的東西，在另一個社會中卻可能被表現為具有本質差別的事物。對我們來說，形成空間的各個部分都是相同的，它們可以相互替換。然而，我們卻看到，很多民族認為，區域間存在著深刻的差別。這是因為每個區域都有它自身的情感價值。在各種不同情感的影響下，每個區域都與一種特定的宗教本原聯繫起來，因而也就賦有了區別於其他所有區域的獨具一格的品性。正是這種觀念（notion）的情感價值，發揮著至關重要的作用，決定了觀念（idea）聯繫或分離的方式。它是分類中的支配角色。

常常有人說，人類在剛開始構想事物的時候，必須得把這些事物與其自身聯繫起來。透過以上討論，我們就可以更加透澈地理解人類中心論，或者較貼切地了解我們稱之為**社會中心論**到底是怎麼一回事了。最初的自然圖式的中心不是個體，而是社會。[4]最初的對象化是

3 對很多種膜拜的信奉者來說，甚至直到現在，食物首先還是分為兩大類：肥的和瘦的。由此我們就可以知道分類是多麼的主觀！

4 拉格拉塞里（La Grasserie）也曾提出過與我們相當接近的想法，不過比較含糊，而且全無證據（De la Grasserie 1899，第三章）。

社會，而不是人。這一點在蘇人那裡展現得再清楚不過了。蘇人以他們的方式，把整個宇宙收斂到了部落空間的範圍內；我們已經看到，宇宙空間本身不過就是部落所占據的場所，對於部落的實際界限，至多只有不很明確的超越。正是由於同樣的心理傾向，眾多民族都認為他們自己的政治或宗教的首都，[5]亦即他們道德生活的中心，就是全世界的中心，是「大地的中央」。同樣，在另一個觀念序列中，宇宙的創造力和宇宙中的事物最初也被想像成為神話祖先，即社會的締造者。

故此，本書就曾開門見山地指出，邏輯分類的觀念是久經錘煉才最終形成的。其原因就在於，邏輯分類乃是概念的分類。概念就是歷歷分明的一組事物的觀念，它的界限是明確標定的。而情感恰恰相反，情感在本質上是某種飄遊不定、變動不居的東西。情感的感染力遠遠超出了它的濫觴之處，會蔓延到所有與其有關的東西上，我們簡直無法說出它的傳播力量到底在什麼地方才能停住。具有情感性質的狀態也必然具有相同的特點。我們不可能說出它們從何處開始、在何處結束；它們相互糾結，它們的屬性因此也相互混合，以至於無法嚴格

5 對「政治或宗教的首都」的說法，羅馬人甚至祖尼人都很容易理解，但復活節島（Easter Island）上的居民就不太容易明白，他們稱之為「Te Pito-te Henua」（大地的中心）；不過一般來說，這完全是一個很自然的觀念。

地給它們劃定範疇。從另一個角度來說，爲了能夠標出一個類別的界限，就必須分析出事物究竟是根據什麼特徵才被認爲是匯成一類的，又是根據什麼特徵才被區分開來的。顯然，情感是不聽分析的擺布的，至少是分析所難以駕馭的，因爲情感太過複雜了。關鍵在於，只要情感具有集體的起源，它就會蔑視批判的和理性的檢驗。群體施加在每一個成員身上的壓力，不允許個體對社會本身所構築的觀念進行隨意評判；社會已經把自身人格的某些東西融入了這些觀念。這就構成了相對於個體的神聖。所以，最終的分析顯示，科學分類的歷史，就是社會情感的要素逐漸削弱，並且一步步地被個體反思的歷史取代。然而，這並不是說，時至今日我們已經感覺不到我們所研究的這種久遠而來的影響了。它們遺留下來的東西依然存續，它們始終在場；它們是一切分類的框架，它們是心理積習的匯總；正是由於這種積習，我們才使用並列的或有等級之分的分類形式來思考事物與事實。

本書表明，在有關邏輯活動之構成及其功能的問題上，社會學可謂是撥雲見日，普照光明。我們對分類做出的探索，同樣適用於其他功能或有關知性的其他基本觀念。我們在本書中已經講到，甚至像時間和空間這樣的抽象觀念，在其歷史上，都無時無刻不與其相應的社會組織密切相關。這種方法同樣可以說明我們理解因果觀念、實體觀念以及各種各樣的推理模式等等都是怎樣形成的。只要把它們都交付給社會學來評說，那麼，形而上學與心理學長期以來爭論不休的所有問題，都必將最終從死氣沉沉的同義反覆中解放出來。至少，這是一條值得嘗試的新路。

附錄　《原始分類》英譯本導言

羅德尼・尼達姆

一

當一個天生的盲人手術後復明，他直接看到的並不是我們習以爲常的這個現象世界。相反，他看到的只是令他心煩意亂的雜亂無章的形式和色彩，這些視覺印象華而不實地糾結在一起，相互之間似乎沒有任何可以理解的關係。唯有透過緩慢而又堅韌的努力，他才能教會自己：這種混合確實呈現出了一種秩序；而且唯有透過鍥而不捨地勤學苦練，他才能夠學會對對象進行區別和分類，並領會諸如「空間」和「形狀」這些詞彙的意義。[1]

當一個民族志學者著手進行異域民族研究時，他所處的地位與這樣的復明者相去無幾。對於一個未知社會，實事求是地說，他就是文化上的盲人。這可絕不是在唱高調。撲面而來的是一堆陌生印象的混合，其中沒有一樣可以有把握地斷言它就是它所展現出來的那副樣

1 M. von Senden, *Space and Sight: the perception of space and shape in the congenitally blind before and after operation*, Peter Heath譯，London and Glencoe, Illinois, 1960.

子；它們與他自己的社會習俗形成了極不協調的對照，甚至讓他目瞪口呆。[2]只有經過艱苦卓絕、曠日持久的努力，對這個他試圖透過理解去「發現」的民族及其所生活的世界，他才能夠有所把握。除非到了這一步，否則他就不可能卓有成效地開展他這一學科所特有的技術性調查。

這一類比的獨到之處在於，它可以使我們的關注點直接切入社會人類學最原初的、最基本的關懷，這就是分類。伊凡－普里查德（Evans-Pritchard）曾經一針見血地指出：「每個有經驗的田野工作者都知道，在社會人類學的田野工作中，最艱難的任務就是確定幾個關鍵字的意義，對這些詞的理解決定了整個調查的成敗。」[3]當一個民族志學者帶著諸如

---

2 該比喻極爲貼切，甚至在「要害」點上也十分相稱。對患者而言，雖然在視力上取得了進展，但一方面他在能力上相對缺乏，另一方面他又意識到有數不勝數的困難必須克服，所以會突然間感到無法承受、不知所措。這時候他可能會開始消沉，以致放棄努力，還想回到他覺得安全的那個黑暗的、觸覺的世界中。對民族志學者而言，當他已經充分意識到了任務的艱巨性，但又尚未獲得稱心如意的洞察，以使之擺脫煩惱、恢復信心的時候，當他猛然間痛感無知和無能、並因此而垂頭喪氣的時候，就是具有決定意義的要害所在。（除了問題本身的魅力以外，von Senden的著作還充滿了田野研究所具有的引人入勝之處，因而該書值得所有民族志學者予以關注。）

3 E. E. Evans-Pritchard, *Social Anthropology*, London, 1951 (p.80).

「神」、「權力」、「債務」、「家庭」和「禮物」的概念來到異域民族中間時，無論他的職業準備多麼細緻周密，他首先想要做的事情，想必就是去尋找和認同那些與這些詞語在本文化中有相同意思的東西，並用這些術語來詮釋異域民族的說法。不過，漸漸地，他就學會了把這個世界看成是爲了那個民族本身而建構的世界，學會了吸收該民族的別具一格的範疇。通常，他不得不拋棄自然與超自然的區分，重新確定生與死的聯繫，接受人與動物的共同本性。他不可能假裝用一種全新的方式來感知各種現象，他能夠而且必須要用一種陌生的傾向去構成這些現象的概念；而他每一次學到的東西，在本質上都是分類。對語言的學習會在實踐中教會他如何去做，然而，對他來說，語言本身並不能等同於那些關鍵範疇，也不能把這些範疇相互聯繫的原則直接呈現給他。所以，他在分析上的任務，首先就是要理解分類的模式。

而分類正是涂爾幹和馬塞爾．莫斯在本書中的議題。原著初次刊行於一九〇三年，涂爾幹時年四十五歲，莫斯時年三十一歲。[4]這個英文本，乃是此後第一次完整地再版。[5]該譯

---

4 De quelques formes primitives de classification: contribution à l' édude des représentations collectives, *Année Sociologique*, vol. VI (1901-1902), Paris, 1903.

5 原文第六十六—七十二頁的內容已經有了英譯文，見Jesse Pitts, *Theories of Society: foundations of modern sociological theory* (Talcott Parsons編，*et al.*)，Clencoe, Ill.，1961 (vol. II, pp.1065-1068).

本是法國社會學經典譯叢的一部分，這項系統譯介法國社會學經典的工作曾由伊凡－普里查德教授親自主持，而今由牛津大學社會人類學系的成員共同開展。[6]

我們之所以選擇該書，是因爲它凝聚著獨特的理論意蘊，又素爲學界所忽視。該文是「社會學年鑑」學派最富啓發性和最爲重要的作品之一。然而，令人驚訝和不安的是，在今天的職業人類學家中，大多數人實際上對此一無所知。甚至在《非洲世界》（*African Worlds*）這樣的專題論集中，比如說在討論到「社會關係與宇宙論觀念之間的錯綜複雜的相互依賴性」這樣的主題時，[7]對於該文竟然都未置一語，而該文是力圖闡明這兩者之間恆定因果關聯的無與倫比的文章。社會學界的評論家們對該文也是漠不關心，只是在非常偶然的情況下才有所觸及：吉爾克（Gehlke）爲了過渡到對《宗教生活的基本形式》的討

6 該叢書中先期出版的作品有：Emile Durkheim, *Sociology and Philosophy*, D. F. Pocock譯，J. G. Peristiany做導言，1953；Marcel Mauss, *The Gift*, Ian Cunnison譯，E. E. Evans-Pritchard做導言，1954；Robert Hertz, *Death and The Right Hand*, Rodney Needham和Claudia Needham譯，E. E. Evans-Pritchard做導言，1960。在計畫中的還有D. H. P. Maybury-Lewis博士譯的Marcel Mauss and Henri Beuchat, 'Essai sur les variations saisonnière des sociétés Eskimos', *Année Sociologique*, vol. IX., 1906, pp. 39-132。

7 *African Worlds: studies in the cosmological ideas and social values of African peoples*, Daryll Forde編並做導言，London, 1954 (P. x).

論，對其論點曾經做過概括，但顯然，他只把它視作是對前者的鋪墊；[8]與之類似，阿爾伯特在提到它的時候，也僅僅是把它作爲涂爾幹後來在其專著中所闡發的那些觀念的「最初公式」；[9]塞吉把該文的論題排斥在了考察的範圍之外，不過他承認，這個問題具有「基本的重要意義」，它「太大同時也太專了」。[10]在索莫菲爾特看來，大部分語言學家也同樣忽略了這篇文章，[11]儘管有確鑿的證據表明，至少這是一個很有希望的研究領域。該文探討了範疇的起源及其文化表達，本來這與沃夫的興趣直接相關，而沃夫從未參考過這篇文獻；[12]甚至於，一九五三年語言學家、人類學家、心理學家和哲學家濟濟一堂，共同討論沃夫對語言範疇與世界概念之關係的假設的時候，他們在公報中對涂爾幹和莫斯的這篇文章連提都沒

---

8 Charles Elmer Gehlke, *Emile Durkheim's Contribution to Sociological Theory*, New York (Columbia University Studies in History Economics and Public Law, vol. LXIII, no.1), 1915 (pp. 46-48).

9 Henry Alpert, *Emile Durkheim and his Sociology*, New York, 1939 (p.56).

10 Imogen Seger, *Durkheim and his Critics on the Sociology of Religion*, New York (Columbia University Monograph Series, Bureau of Applied Social Research), 1957 (p. 4).

11 Alf. Sommerfelt, *La Langue et la Société: caractères sociaux d'une langue de type archaïque*, Oslo, 1938(p. 9).

12 Benjamin Lee Whorf, *Language, Thought, and Reality*, John B.Carroll編, New York, 1956.

提。[13]

之所以會有這種漠然的態度，其中一個原因很可能是由於這篇文章是埋沒在一部難得一見而又相當古舊的期刊之中。但是，另外還有一個很簡單的麻煩，這就是原文是用法文寫成的；而出版英譯本的初衷，也正是爲了使我們不至於因爲這個緣故，與這樣一部上乘之作失之交臂。誠然，我們將會看到，由於其他一些原因，這種忽略甚至也可以說是不無道理的，然而，只有對那些已經深諳此文的人來說，這些忽略的根據才能有所裨益。

在此重新推出的這篇文章是普遍不受重視的，尤其是人類學家竟然也等閒視之，這個事實充分表明，今天，我們亟待對其主張認眞地做一番批判性的檢驗。

二

涂爾幹和莫斯所關注的是具有道德或宗教性質的符號分類，這種分類與進行區別的實用圖式不同，後者被他們稱之爲技術分類。他們認爲，儘管每個社會都有分類，但人類的心

---

13 *Language in Culture: conference on the interrelations of language and other aspects of culture*, Harry Hoijer編，Chicago, 1954.

靈天生並不具備建構這種複雜分類的能力，這種分類在自然中是找不到的，它們是文化的產物；因此，他們提出的問題是：究竟什麼是這種觀念安排的模型。他們的答案是：這個模型就是社會本身。他們認定，最初的邏輯範疇就是社會的範疇，最初的事物分類就是人的分類；無論類別的外在形式，還是類別之間的相互關係全都起源於社會；如果事物的全體被構想為一個單一的體系，這是因為人們就是這樣來看待社會本身的，所以邏輯的等級體系只是社會等級體系的另一側面，知識的統一性也不過是擴展到了宇宙的社會集體的統一性而已。[14]他們聲稱，他們展示了分類體系的觀念是如何誕生的，並且確認了導致人們以其獨特方式對事物加以分類的力量，並據此得出了結論。

他們的論證清楚鮮明，材料翔實；但在邏輯上和方法上卻面臨著嚴峻的挑戰。就這兩個問題而言，最富有成效而又簡明扼要的方式，是把批評的根據逐一列舉出來，這種做法要比頻繁地妄加註腳更為合適。

在文章的起始，就能夠看到一些最輕微的邏輯紕漏。例如，我們可以確信變形（metamorphoses）是會發生的，但無論如何，從這個事實並不能得出涂爾幹和莫斯的斷

14 見本書第一〇〇—一〇一頁。

言，說人類缺乏明確的分類觀念。[15]實際上，如果沒有明確的分類，嬗變的觀念也就不可能產生；因為要相信一個人可以變成鸚鵡，首先「人」和「鸚鵡」的觀念就得是有區別的，而且這種區別足以使人們想到這兩者可以相互轉變。同樣，對於個體及其圖騰動物具有神祕的同一性的信仰，也不必歸咎於「心理混淆」。[16]個體在其中肯定是能夠被區分出來的，個體與圖騰之間只是存在著一種特殊的關係罷了。另一個初始的邏輯謬誤是，他們推論說，某些邏輯分類有關所屬關係的習語表明了它們的社會起源；[17]然而，事實上，他們所採用的這些術語（「親屬關係」〔kinship〕、「族」〔family〕、「屬」〔genus〕）只不過展現出了一種分類的風格，而絕不意味著分類能力本身具有超邏輯的（extra-logical）起源（更何況這一類習語是很不普遍的）。在文章的後面部分裡，當涉及民族志的一些細節問題時，涂爾幹和莫斯認為，「獵獸」的地位處在祖尼人和祖尼諸神之間，這說明依據氏族的分類要先於依據方位的分類；[18]但是，這一推論卻沒有邏輯基礎，同時也很難想像，空間區域竟然能夠

15 本書第四頁。
16 本書第五頁。
17 本書第八頁。
18 本書第六十四頁。

作爲相容人神兩者的中介。此外，他們主張祖尼人的起源神話是一條「證據」，可以證明起初事物是依據氏族和圖騰來劃分的，[19]這種推論也同樣無效，因爲按照邏輯同樣也可以認爲，這個神話表明了事物原本是根據南北來劃分的。

這些特定的疏漏已經不能讓人掉以輕心了，[20]然而這還只能算是蜻蜓點水，有些論斷從更一般意義上講也是缺乏邏輯性的。像剛才最後一個例子所透露出來的那種傾向，我們在其他好些地方都能找到更加鮮明的例證。比如說，涂爾幹和莫斯講道，奧馬哈的分類體系是用「部落空間」來劃分宇宙的，這種劃分涉及行進路線和各個氏族在營地中的安置排列。[21]於是，他們就分離出了一種處在氏族分類與區域分類之間的分類形式。然而，他們並不滿足於此，或許是爲了強調社會劃分與宇宙劃分的一致性無論如何都是可以確立起來的，他們進一步斷言，區域的體系觀念僅僅「處在形成的過程中」，氏族和其他事物「還沒有」按照四個

---

19 本書第六十五頁。

20 在講到中國人的分類時，涂爾幹和莫斯也有自相矛盾之處。他們起先寫道，這種分類是爲了規定人們的行爲（本書第八十六頁）的，它提供了一種行動指南（本書第九十頁）；但在後文，他們反而又說，這種分類的目的「不是輔助行動，而是增進理解」（本書第九十九頁）。不過，這種個別的差錯並不是這裡所講的那種邏輯謬誤。

21 本書第六十八—七十一頁。

基本方位來定向。換言之，他們儘管沒有奧馬哈人的分類模式正在自行轉變的任何證據，卻假定了這種情況的存在，以便按照他們的意圖，用來證明根據群體的分類是要先於根據自然的分類的。另一個例子是，他們認爲半偶族、[22]氏族和次氏族這些部落的分支同樣也是從大到小的分類範疇。誠然，它們確有形式上的一致性，但涂爾幹和莫斯據此就斷言，這種一致性的基礎是社會的逐步演進，其中半偶族是「最古老」的，而氏族是「比較新」的。[23]在此他們重蹈覆轍，又一次假定了一個有利於其論題的、但卻沒有任何經驗證據的發展過程。

這種根據預設理由（petitio principii）進行論證的傾向，在文章的其他地方暴露得更加嚴重，涂爾幹和莫斯所討論的第一個分類範例首當其衝。他們提出了一個四分部的社會分類圖式，所有的社會成員都完全被納入其中了。然後他們話鋒一轉，就肯定地說，形式與之相一致的對非社會事物的分類「再現」了人的分類。[24]單單這一個詞，就直接假定了社會在分類中的首要性，而這正是隨後將要論證的主題。又如，他們指出，澳洲某些部落的星象神

22 本文中的「半偶族」即是《原始分類》中的「胞族」；參見本書第十頁注1及所附譯注。而下文中的「分部」即指《原始分類》中的「姻族」。——中譯注

23 本書第一〇一頁。

24 本書第十一頁。

話是以圖騰組織「為模型」的，[25]然而，他們實際上論述的卻是，星辰是一般分類的組成部分，它們分明是從屬於社會分支的。在這些例子中，他們不但假定了社會組織從簡單到複雜的進化發展過程，以使其論證看上去更為可信，而且，他們顯然也預設了所要論證的論題本身。[26]

至於方法上的缺陷，甚至就更多了。首先，在涂爾幹和莫斯所探討的許多案例中，根本就不存在社會形式與分類形式之間的對應，然而，他們卻要用這些例子來推斷出這種對應。例如，他們認為麥凱港的姻族對其宇宙論觀念沒有「影響」，[27]這實際上意味著，上述劃分為半偶族的社會所採用的分類形式與四分部體系的社會所採用的分類形式沒有什麼區別：在前一種情況下，社會劃分成兩個整齊勻稱的群體，在後一種情況下，社會是一分為四的，但是兩種社會類型所採用的卻都是完全相同的二元符號分類形式。而且，緊接著所考察的瓦克爾布拉社會也是四分部體系的，可是他們的分類卻與社會組織的四分形式不相吻

25　本書第三十五頁。

26　涂爾幹的大部分作品大概都有這個特點，對他來說，預設理由可以算是他在學術上的根深蒂固的瑕疵。列維－斯特勞斯（Lévi-Strauss）曾指出，涂爾幹在試圖確立聖物的集體起源時也存在著同樣的邏輯錯誤（Le Totémisme Aujourd' hui, Paris, 1962, p. 102）。

27　本書第十二頁。注意，「影響」這個詞就有問題，這麼說就好像是部落中四分部的劃分必然在先。

合。[28]

涂爾幹和莫斯認爲，從依據半偶族或分部對事物加以分類，到依據氏族來分類，是澳洲分類的一次顯著變化；[29]但實際上，他們所討論的半偶族和四分部體系中也有氏族。例如，沃喬巴盧克人就不但分成兩個半偶族，而且至少還分爲十二個可以叫得出名字來的氏族。[30]另外，這兩位作者還把沃喬巴盧克社會視爲是一個引人注目的複雜體系，因爲在這個體系的圖騰分類中，又區分出了「第三級的」分支，他們說這種觀念的組織是與社會的組織「相並行的」。然而，這一案例卻沒能使這種所謂的並行關係（parallelism）確立起來，因爲他們沒有舉出任何證據，來證明該部落確實存在著第三級的派生群體。倒是在論及穆拉瓦里人的時候，這個問題倒顯得更明白些；那個部落不但有半偶族，而且它的圖騰組織囊括了不下一五二個氏族。不僅如此，當涂爾幹和莫斯講到阿蘭達人的時候，這種脫節就更加嚴重了：雖然阿蘭達的社會形式已經有了充分的區分（該社會是一個八分部體系），但是他

28　本書第十四—十六頁。
29　本書第三十八—四十頁。
30　本書第二十五—二十七頁。

們「沒有完全的分類，沒有整合的體系」。[31]因而，他們一方面宣稱社會是分類所依據的模型，另一方面，他們雖然論述了一個又一個社會，卻又未能顯示其中的社會形式與分類形式存在著嚴整的對應關係。不同的分類形式見於同一類型的社會組織，而類似的分類形式又見於不同的社會類型。尤其是，既然在半偶族和分部體系的社會中也有氏族，那麼，涂爾幹和莫斯把其中的分類與以氏族為基礎的社會中的分類區別開來的做法就是錯誤的。所以，實際上，我們只能肯定，存在著好幾種社會類型；有的劃分為半偶族，有的劃分為分部，還有的劃分為氏族。他們確實想要說明符號分類與社會序列之間的嚴格對應關係，但他們的論證卻使人們覺得這種關係的跡象微乎其微。

涂爾幹和莫斯在方法上的最嚴重的失誤，或許要算是他們沒有考慮到種種相伴出現的分類形式，也沒有對其論題加以檢驗。換句話說，他們沒有專誠去尋找具有同樣的組織而分類形式卻有所不同的社會，或是組織不同而分類相似的社會。不僅如此，當他們自己的證據已經呈現出這種情形時，他們也沒有認識到這會給他們的論斷帶來什麼樣的結果。與伊凡─普里查德所指出的年鑑學派普遍具有的毛病[32]不同，他們不是簡單地忽略了否定性的例子，而

31　本書第四十一頁。

32　Introduction to R. Hertz, *Death and The Right Hand*, p. 22.

是在確認這些例子的時候，試圖透過解釋把它們化解掉。對於他們的手段，伊凡－普里查德不失公允地稱之爲「涂爾幹的障眼法。當一個事實與他的論題相抵觸的時候，他就聲稱這個案例的性質和意義都發生了變化，它是次級的發展形式，是非典型性的；然而卻沒有任何證據顯示確實發生了那種變化」。[33]我們發現，在本文中，「後來發展的產物」這種說法是在講到阿蘭達的一個氏族的時候首次被採用的，[34]儘管無可否認，該例對於全文的論證沒有什麼獨特的補益，但是，那裡畢竟是一個亟須闡述的地方。更爲突出的是，涂爾幹和莫斯認爲，阿蘭達爲數眾多的氏族分類，是其社會結構發生「變化」的結果，[35]是由於作爲分類基礎的半偶族體系的消亡造成的；但是除了類比和表面上的理由以外，他們沒有提供出確實曾經發生過這種變化的任何根據。儘管如此，他們還是輕下斷言，說如果我們在阿蘭達再不能找到完整的分類，這不是因爲那裡根本沒有這種分類，而是因爲這種分類已經隨著氏族的分裂而土崩瓦解了。[36]然而，在阿蘭達還存在著分部體系，每個分部包括數目不同的氏族，可

33 同上，第十二頁。
34 本書第三十七頁。
35 本書第四十二頁。
36 本書第四十四頁。

是，阿蘭達並沒有因此就擁有整合的分類體系。故此，我們又一次得到了這樣一個事實：在具有分部和氏族的社會中，有些社會恰好是依據分部分類的，而另一些社會則恰好是依據氏族分類的。這種實踐上的差異是不能用推測中的日後演變一筆勾銷的，相反，對於涂爾幹和莫斯的論題，它構成了有理有據的反駁。

在討論到依據方位分類的祖尼人的時候，也出現了同樣的方法上的問題。用來說明獵物在六種獵獸之間的分配的神話有齟齬之處，對此，涂爾幹和莫斯把它們掩蓋起來，並且再一次認定，這用氏族在定向中的「變動」「很容易就能解釋得通」；[37]可是，他們沒有就此提出任何解釋，也沒有明確地說明到底發生了什麼變動，以及有什麼證據能證明確實發生過這種變動。在論及沃喬巴盧克氏族的排列方式的時候，這種手法進一步顯現出來，而且尤為露骨。他們所討論的方位分布圖[38]可以說是整齊劃一、面面俱到的，但唯獨有一個氏族與之相脫節，這就是第九氏族，因為其他氏族都是嚴格按胞族分列在東西線兩側的，唯有它原應在北方而落在了南方。於是，他們就想方設法，利用權變之計來化解這一棘手的事實：(1)「完全有理由」（雖然實際上沒有給出任何理由）相信，這種反常應該歸咎於觀察的失

37　本書第六十三頁，注29。

38　本書第七十七頁圖。

誤；(2)如果不是因爲這種失誤，那麼就是因爲原初的體系「後來有了變化」（但沒有明確指出究竟是什麼變化）；(3)提供消息的人自己在這一點上也有些猶豫；(4)既然第9氏族和第8氏族一樣（它們都名爲Munya），那麼就可以認爲這個氏族終究沒有落在東西線以下，所以實際上就不存在什麼問題了。[39]

涂爾幹和莫斯在方法上的另一個値得商榷的地方是，他們總是假定一個社會在某一個時期只採用一種分類模式。例如，他們推斷，祖尼人的分類體系先前是劃分爲六大區域的，而在這之前還曾經是一分爲四的，對應於四個方位點。[40]然而，不僅他們所引用的文獻並沒有論證這種猜想出來的發展過程，而且這種貌似可信的論點假定了祖尼人不可能同時擁有七區、六區或四區的分類。一旦發現原來如此，那麼根本也就沒有必要把這些不同的分類模式串聯成一個循序漸進的演化過程了。實際上，涂爾幹和莫斯在講到中國分類的時候已經意識到了這種可能性。他們寫道，這種分類體系本身是由「大量相互混同的體系」、「錯綜紛繁的分類」[41]組成的。不可否認，他們嘗試著要把依據八種力量的分類還原爲依據五大要素

39　本書第七十六頁。

40　本書第六十頁。

41　本書第八十三頁，第九十頁。

的分類，並且透過化約和組合，也確實能夠找到兩者之間的對應關係；[42]但是，在祖尼人那裡，這種可能性也是同樣存在的。換言之，一個社會並不一定非得使用單一的分類模式；而且，在採用兩種或更多種分類模式的社會中，即使它們是可以相互還原的，這也並不意味著每一種分類就一定代表著社會範疇的發展過程中的一個歷史階段。

以上爭議能使我們對涂爾幹和莫斯在論據上的基本問題有一個把握，同時我們也了解到，在很多地方，涂爾幹和莫斯既沒有為他們的闡述提供證據，也避開了那些與他們的論斷相反的事實。例如，他們斷言，甘比爾山部落的分類體系展示出了社會從初始的混合狀態到半偶族、再到氏族的不斷分化的過程。作為最簡單的分類形式，事物確實是劃分為半偶族的，但是，它們同時也分屬於每個半偶族中的各個氏族，這種情況，與那些沒有半偶族的序列而只是根據氏族分類的更為複雜的體系完全相似。[43]再者，全然沒有任何證據能夠顯示，現存的或與之共存的那些分類形式是從這種所謂原始的混淆狀態中產生出來的，整個過程都不過是涂爾幹和莫斯從純粹先驗的根據出發得出的假設。就分類與氏族的關係而言，涂爾幹和莫斯區別出的兩種類型的體系（如上所述）都兼有半偶族和氏族，所以，我們就又面臨

42 本書第八十六頁。

43 本書第二十三—二十四頁。

著這樣一個局面：有些社會恰好是按照半偶族來分類的，而另一些社會則恰好是按照氏族來分類的，但這一切都沒有得到解釋。至於劃分到同一氏族的事物「未曾分化」，並處在相對「模糊」的狀態中，[44]這不過是涂爾幹和莫斯自己信口開河、不足爲訓的闡發罷了，因爲在他們所引證的資料中根本無此一說，而且無論如何這種情況都是令人難以置信的。

在後文中，涂爾幹和莫斯再次提出了這種純粹臆斷的進化過程。他們言之鑿鑿地聲稱，「在大量的案例中」，都是先形成半偶族，繼而才形成氏族，[45]但是，他們既沒有什麼例證引以爲據，也沒有舉出過一例實實在在發生過的此類轉變。他們只是假定，複雜形式是從比較簡單的形式中發展出來的，而氏族的定義較爲複雜，半偶族的定義較爲簡單，這樣他們就得出了他們的結論，說依據氏族的分類是變化後的結果。與之類似，當他們認定沃喬巴盧克人的氏族分類先於空間區域分類的時候，[46]也沒有提供任何能夠證實該結論的證據。同樣，至於家庭、氏族和半偶族提供了等級分類的基礎，以及氏族的相對位置決定了區域之間的關

44 本書第二十四頁。
45 本書第三十八—三十九頁。
46 本書第七十五頁。

係等等說法，[47]也全都是無憑無據的。當然，比起我們下文中將要指出的基本的邏輯困難，這些問題還只是小巫見大巫，不過，這些問題都很關鍵，值得重視，因此我們甚至要不厭其煩地一再強調：涂爾幹和莫斯沒有任何一種可靠的證據來證實這些命題。[48]

在有關中國的論述中，這種空口無憑的假定又一次發揮了作用。他們說，在中國，屬於同年或同名的兩年的人的婚姻，「有可能」被認爲是「非常不吉利的」。[49]然而，他們沒有舉出任何證據能夠讓人相信情況可能會如此，而且他們所引爲參考的資料也沒有證實這種推測。實際上，他們說的「有可能」，只是意味著如果那被認爲是不吉利的，那麼就成全

47 本書第八十頁。

48 參見伊凡－普里查德：「涂爾幹及其同事和學生不滿於把宗教說成是社會生活的一部分，不同意宗教要受到社會結構的深刻影響。他們聲稱，原始民族的宗教概念不是別的，正是社會秩序的符號表現。……在我看來，這種社會學主義的形而上學的假設是完全缺乏證據的推斷。」（Nuer Religion, Oxford, 1956, p. 313）

49 本書第九十一頁。

了他們的論斷，而加了一個「非常」，只是表明了他們這種想法是多麼的急切。[50]更爲嚴重的是，他們在這一點上還誤讀了他們所引用的資料，得出的是人家根本沒有講過的東西。揚（Young）沒有說在暹羅同年同屬相的人之間存在著婚姻禁忌，他的意思正好與之完全相反。[51]退一萬步說，杜利特爾也未曾暗示，在同一屬相之年出生的人之間存在著「準家族的」關係，[52]因而，在各分類之間也存在著氏族式的「外婚制」。參考文獻中所講的習俗，並不是涂爾幹和莫斯所說的那種社會與宇宙的劃分合而爲一的分類「痕跡」，在這個問題

50 在他們對中國分類體系的描述中，還有一個類似的莫名其妙的地方，那就是他們說中國分類如同澳洲分類一樣，也把宇宙分成了八個「家族」（famille）（本書第九十頁），換言之，中國人也是依據像氏族這樣的社會群體來分類的。誠然，我們知道日期循環確實被說成是十位母親和十二個孩子（本書第八十八頁，注16），但八大分類卻沒有被當成八個家族。涂爾幹和莫斯試圖證明，中國體系和澳洲分類以及祖尼分類全都是建立在同一原則的基礎之上的，因此，儘管他們不得不承認，沒有任何證據表明在中國人的氏族和時空劃分之間存在著關聯，但是，他們仍然要爲中國分類物色一個他們堅信必然存在著的社會基礎。他們並沒有坦言「家族」一詞就代表了中國人的概念，但從上下文來看，顯然他們確實挑中了這個詞。我們甚至還可以聯想到他們先前強調過的歐洲分類中的親屬關係習語（本書第八頁）對他們的影響。

51 本書第九十一頁，注25。

52 本書第九十二頁，注28。

上，他們藉以支持其論斷的有關中國的證明都是查無實據的。[53]

最後，涂爾幹和莫斯指出，觀念的「情感價值」是分類中的「支配角色」。[54]這是對所有人類思想之基本特點的一個意義深遠的重要論斷，幾乎再沒有比這個更爲事關重大的命題了；然而，我們卻發現，只有到了文末，情感的因素才被突兀地信筆引入，而在他們的論證過程中，絲毫沒有來自任何社會的任何經驗證據能夠證實他們的論述。

有關證據的話題暫且告一段落——對此我們已經頗爲深入了，我們還得考察一下情感在他們的論證中所產生的作用。訴諸情感以解釋社會事實的跡象，首先體現在涂爾幹和莫斯對次級圖騰之起源的說明中。他們說，一個氏族中的一群個體「感到」他們與歸屬整個氏族的

53 尤其讓人困惑不解的是，葛蘭言（Marcel Granet）不僅沒有發現這個問題，甚至還寫道，涂爾幹和莫斯對中國的這幾頁闡述「標誌著社會學研究史上的一個里程碑」（La pensée chinoise, Paris, 1934, p. 29, n.1）。參見羅伯特·默頓（Robert Merton）：「正像葛蘭言所指出的那樣，專家們認爲，這篇文章中對中國思想的幾頁論述標誌著社會學研究領域的一個新時代」（「The sociology of konwledge」，Twentieth Century Sociology, edited by Gurvitch and Moore, New York, 1945, p. 377）。李約瑟（Joseph Needham）只注意到，「很難」用分類與社會的明確對應性來說明中國的分類（Science and Civilization in China, vol.II: History of Scientific Thought, Cambridge, 1956, p. 280）。

54 本書第一〇三頁。

某些事物具有更爲特殊的關係，所以當氏族變得過分龐大的時候，它就傾向於沿著分類所劃出的界線發生分裂。[55]在對符號事實的討論中，歸因於情感的重要性進一步凸顯出來：他們認爲，每一次占卜儀式，都是以特定存在之間的先已具有的「相互感應」爲基礎的。[56]此後，他們又主張，由於邏輯關聯被表現爲家族關聯，所以它們也是建立在同樣的「情感」的基礎之上的。[57]在此，有待解釋的是，爲什麼就可以斷定情感就是家庭組織、社會組織以及其他各種組織的「基礎」，但是，他們恰恰對此未作闡釋；儘管如此，該文收尾的這幾頁卻一而再、再而三地訴諸情感的決定意義。最爲突出的是，我們被告知，事物之間的情感親和性如同個體之間的情感親和性，而事物就是根據這種親和性來分類的。這個結論所依據的觀點是，觀念是由於情感的原因而得到成體系的安排的（這裡，情感已經被提升爲進一步立論的基礎），因此，觀念就必然不可能是純粹的觀念，觀念本身就應該是情感的產物。於是，決定事物分類方式的差異性和相似性在「更大程度上取決於情感，而不是理智」；而且，之所以不同的社會對事物的表現有所不同，是「因爲它們對群體情感的影響是不同

55　本書第三十八頁。注意這種發展過程完全是猜測出來的，他們沒有提供任何事實依據。
56　本書第九十四頁。
57　本書第一〇三頁。

的」。[58]

令人驚訝不已的是，涂爾幹和莫斯如此明確地指出了社會分類與符號分類的眞正意蘊，但他們在沒有掌握任何證據和理由的情況下，就把情感當成了社會分類與符號分類的複雜性的終極解釋。這一論斷是他們的論證的高潮所在，而對此，也恰恰需要投以能夠與他們所歸結的重要性相配的批判性關注。他們的初始前提是，社會群體在一定程度上是以情感爲基礎的，其他所有的結論都可以從此推出；但是，正如列維斯特勞斯（Lévi-Strauss）在講到儀式的時候曾經明確指出的那樣，[59]這種觀點是以一種預設理由爲基礎的。情感，雖然很可能有助於社會群體的凝聚，但它更可能是這種凝聚的產物。無論如何，涂爾幹和莫斯都沒有解釋，具有共同心理傾向的個體們是怎樣生成這些既成體系而又千差萬別的情感的。尤其是，他們沒有解釋，結構相似的社會一旦建立起來，爲什麼它們賦予世界的情感價值竟會相去甚遠，以致形成截然不同的分類；按照他們的論斷，社會秩序的相似性本應該促使這些社會也能產生相似的分類啊！反過來講，當結構不同的社會所認可的實際上是完全相同的分類的時候，情感也無助於闡明爲什麼會出現這種不符的情況。簡言之，所謂的情感什麼都沒有

58 本書第一〇三頁。

59 *Le Totémisme Aujourd'hui*, pp. 102-103.

解釋。誠然，所有的社會學家都不會不承認，整個社會生活具有一個重要的特點，那就是某些觀念會成爲強烈情感的對象；但是，諸如空間之所以被區分開來「是因爲每個區域都有它自身的情感價值」[60]這樣的論斷，既不眞實，又無用處。

然而，與另外兩條在總體上適用於整個論斷的批評意見相比，所有這些針對邏輯和方法的具體意見又都顯得無關宏旨了。其一是：他們所假定的社會分類與符號分類之間的因果關係沒有邏輯上的必然性，而且，由於缺乏這種影響的事實表徵，也使這種推斷的努力變得毫無根據。從經驗的角度來講，涂爾幹和莫斯就處在這一境地。在區分出社會和分類的不同類型以後，他們的證據使他們不得不面對多樣化的局面：也就是說，凡是具有相似組織的社會，分類和這種組織都應該具有一種嚴格的對應性，即分類或對應於半偶族，或對應於分部，或對應於氏族。（中國的情況可作例外，因爲它根本就沒有展示出任何對應關係，它唯一的價值就在於它表明這種分類並不僅僅限於簡單社會。）如果我們允許自己從事實本身出發，即循著對應關係的指引，那麼，我們就只能得出這樣的結論：他們的因果解釋根本沒有經驗根據。沒有任何一例能夠讓我們不得不相信，社會是分類的原因，甚至是分類的模型；使涂爾幹和莫斯輕下斷言並且自以爲正確地列舉事實的力量，只不過是來自於他們對原

60　本書第一〇三頁。

因的先入之見。的確，塗爾幹早就指出，社會學的解釋就在於確立因果關係。[61]無可否認，伊凡－普里查德也認爲，塗爾幹在做出這種努力之前，先要「嘗試把事實逐一聯繫起來，並藉此統攝，使之對我們來說，無論就整體而言還是就單個而言都是可理解的」，[62]而且我們可以相信，塗爾幹在他的絕大多數經驗著作中也確實是這樣做的；可是，在這篇文章中，他和莫斯顯然只是一門心思要提出一種因果理論，然而他們顯然未獲成功。此外，如果這樣一種闡釋是可行的，那麼，塗爾幹和莫斯所引用的證據——來自世界的許多其他地方的證據也一樣，他們無疑對此十分熟悉——也會顯示，這種關係恰恰是與他們的假設背道而馳的。也就是說，分類的形式與象徵思維模式之間的相似性，遠遠超過了它們所在的那些社會之間的相似性；因此，要想做出因果詮釋，就應該這樣說：在社會形式和符號形式之間具有對應關係的地方，社會組織本身就是分類的一個側面。實際上，實行規約聯盟（prescriptive alliance）的那些社會（以澳洲爲典型），正好就屬於這種情況。但即使是對這些體系，也

---

61 *Les Règles de la Méthode Sociologique*, chap.5.推測一下十九世紀的物理學對於塗爾幹思想中的諸如「原因」和「力」等等觀念的發展有什麼影響是很有意思的，這種影響也促使莫斯在必須回贈的禮物中尋找一種「力」（"Essai sur le Don", *Année Sociologique*, n.s., vol. I, 1925, p. 33）。

62 Introduction to Hertz, *The Method and Presuppositions of Group Psychology*, p. 15.

不能斷言社會組織是按照符號分類塑造的，或者說社會組織反映了符號分類、產生於符號分類。我們能夠認可的，只是說無論我們怎樣劃分所要探討的社會觀念（例如，劃分成「社會秩序」和「符號秩序」，或者劃分成爲數更多的分析性的事實範疇），它們都展現出了某些共同的秩序原則，沒有一個重要的領域是另一個領域得以組織起來的原因或模型。且不論這種解釋的經驗有效性或分析價值究竟如何，它至少是涂爾幹和莫斯未曾留意的有關他們因果分析的另一種符合邏輯的選擇。

還有一種一般性的批評更加厲害，因爲它表明涂爾幹和莫斯的整個探索都構想錯了。他們把文章稱爲「集體表現之研究」，但是，他們眞正進行的，卻完全是對人類心靈的一種能力的研究。他們對這兩個主題未做明確的區分，實際上，他們認爲好像沒有什麼東西可以値得區分的，所以，從集體表現中推導出來的結論就被他們直接用到了認知活動中來。

近五十年前，吉爾克在論及《宗教生活的基本形式》的時候就已經注意到，他們未能做出這種基本的區分。他發現，涂爾幹把範疇看作是「心靈的內容而不是心靈的能力」，這是「和涂爾幹的心靈概念完全一脈相承的，涂爾幹認爲心靈是一個表現體系，而不是一種功能整體」。[63]數年以後，鄧尼斯在他對涂爾幹宗教論著的批評中，也令人信服地闡述了這種觀

63 Gehlke，前引書，第五十三頁。

點，指出涂爾幹和莫斯的主要論斷是無效的。他這樣寫道：「涂爾幹的範疇起源理論所依據的是他那模棱兩可的心靈概念。」[64]如果心靈被當作一種認知能力的體系，那麼範疇起源於社會組織的說法就很荒唐了：因爲在人們體會到社會群體的排列體現了某種空間關係並將其應用於宇宙之前，空間的觀念首先就得存在；同樣，數量的範疇也必須首先存在，個體心靈才能認識到一和多，才能認識到社會各個分支的總體；類別的觀念也必然要先於領會社會群體本身的劃分方式，自然現象才可能依據同樣的方式來分類。換言之，人們必須先得體會到社會「模型」本身具有可用於劃分其他事物的特點，但是，倘若離開涂爾幹和莫斯從社會模型中推導出來的那些範疇，是根本沒法做到這一點的。

另一方面，如果心靈僅僅是觀念的集合，隨著文化的不同而不同，那麼，對這些觀念的研究，根本不可能揭示出在每種文化和每個時期都得到普遍遵循的人類心靈的那些基本範疇的起源。不同的民族對空間和時間有不同的構想，但是，對他們的概念的比較研究卻不能得出空間和時間範疇的起源；他們是按照不同的原則來分類的，沒有什麼環境能使這種研究展現出分類能力本身是從何而來的。

64 William Ray Dennes, *The Method and Presuppositions of Group Psychology*, Berkeley (University of California Publications in Philosophy, vol. 6, no.1), 1924 (p. 39).

涂爾幹和莫斯正是從這種模稜兩可的心靈概念出發，才斷定個體心靈是不具備分類能力的，而他們以爲可以證實他們的探索證據，很多也都是從這一假定推導出來的。沒有人會以爲，個體無須在其社會範疇中接受教育，就能夠形成集體表現的複雜分類，因爲這種分類是社會從漫長的歷史中積累傳承下來的。然而，這絕不意味著，個體心靈天生就缺乏分類能力；無論如何都很難想像，要是心靈天生沒有形成分類的基本操作能力，那麼個體又怎麼能夠領會分類。甚至就在這個問題上，涂爾幹和莫斯也是失策太多。他們承認，一個發展中的意識能夠區分出右和左、過去與現在，能夠體會到相似性，能夠分離出一和多，能夠劃分事物。[65]這實在是令人嘆服，概念裝置就這樣被預先假定出來了：空間、時間、數量，實際上假定的就是分類能力。他們說，即使是成年人的心靈，如果未經教育也完全產生不了這些概念；既然他們已經承認了這麼多，那麼，還剩下什麼能算得上是原則性的挑戰呢？不過，甚至就是這樣的批評也還沒有徹底說透。在這些方面，根本就不可能觀察到一個未受教育影響的個體發展出來的意識，在兒童身上觀察到的「粗陋的區分」，本身也是諄諄教導下的集

65 本書第六頁。他們還傾向於承認人類總是採用維持生活所需要的實用分類（本書第九十九頁注1）。參見E. Benoit-Smullyan, "The sociologism of Emile Durkheim" (*An Introduction to the History of Sociology*, H. E. Barnes編，Chicago, 1948, pp. 499-537), p. 532, n. 61.

體表現。他們雖然一點也沒有講到內在的分類能力，但他們卻代之以一種學習分類的內在能力。

因此，我們可以認爲，涂爾幹和莫斯的論斷在邏輯上是有錯誤的，在方法上是不可靠的。所以，我們的確掌握有否認其有效性的重要原因。

三

那麼，這樣一本在很多方面都存在著嚴重缺陷的著作，眞有什麼必要將其再版，並精雕細刻地加以翻譯和編輯嗎？如果存在這種疑問，那將是對我們編輯英文本的宗旨和社會學理解的性質的雙重誤解。一個批判性的導言不可能是一部聖徒傳記，而且一篇弘論的智識價值也不僅僅取決於它的有效性。

就其歷史的、方法的和理論的意義而言，涂爾幹和莫斯的文章實際上仍然是絕無僅有、值得一讀的。若從頭細表，它的歷史意義就在於，它是後來涂爾幹在其《宗教生活的基本形式》（1912）中所表達的那些著名觀念的早期程序。該文的很多部分都在《宗教生活的基本形式》中得到了扼要的重述，後者我們早就有了英譯本，[66]但對前者，我們只有幾頁節選

66 *The Elementary Forms of the Religious Life*, Joseph Ward Swain譯，London[1915]。

的資料，再後來也僅僅是有了一個提要，且對其論證的知見和方法鮮有披露。所以，「分類的幾種原始形式」的英譯本不僅向更多的人展現了涂爾幹最負盛名的某些觀念的早期發展面貌，[67]同時也回溯般地揭示了作爲他們此後論述基礎的經驗根據和分析根據。

第一次世界大戰幾乎使年鑑學派毀於一旦，並悲劇性地吞噬了一批年輕學者的生命，而這些人正承擔著分類研究中的某些課題。比如比安科尼（Antoine Bianconi），他本已經開

67 從該文本身看不出有多少論述要歸功於莫斯，涂爾幹在其專著中亦未曾提及。不過，值得注意的是，在該文面世的前一年，亨利．胡伯特（Henri Hubert）在他與莫斯合作的一節評論中已經提到了某些對時間和空間的初步考察，這是這篇有關分類的文章在知識上的直接鋪墊（*Année Sociologique*, vol.V, 1902, p. 248），後來，他和莫斯又將其闡發爲一篇關於時間概念的宗教起源，亦即社會起源的文章（H. Hubert，“Etude sommaire de la représentation du temps dans la religion et la magie”, *Ecole Pratique des Hautes Etudes, Section des Sciences Religieuses*, Paris, 1905, pp. 1-39；參見H. Hubert and M. Mauss, *Mélanges d'Histoire des Religions*, Paris, 1909）。但是，對這些觀念的這種追溯起源的研究也可能受到了誤導，比如這個例子就意味著，年鑑學派自身已經形成了一種學問上的「集體良心」（conscience collective），其特點就是在思想上的非同尋常的合作與統一。

始著手研究班圖（Bantu）語中的範疇，但不幸於一九一五年罹難。[68]不過，涂爾幹和莫斯的這篇文章卻以其他的方式繼續發揮著影響，這種影響足以使它的題目在社會學思想史上安然地保有一席之地。下面，我們將提出與此相連的兩條最不同凡響的發展線索。

這篇文章在羅伯特・赫茨（Robert Hertz）那裡留下了最深刻的印記，並透過他得到了發揚光大。赫茨是涂爾幹的學生，也是在一九一五年的一次行動中被殺的，就是在這篇文章的啓發之下，他寫出了一篇關於右手優勢的文章。[69]在文章中，赫茨探討了有關左和右的符號分類的二元形式，並以二元論作爲思想與社會組織的原始形式所共有的基本原則，試圖對符號分類的二元形式的共同特徵做出解釋。他引證了涂爾幹和莫斯的文章，而這篇文章對他的影響完全是不言自明的。尤其是，他在結論中這樣寫道：「對右和左的智識表現和道德表現都是眞實的範疇，……因爲他們與社會思想的那個結構是聯繫在一起的。」[70]繼而，赫茨的文章又引發了一系列對有關右和左的符號分類形式的調查，這些調查在中國、西里

---

68 Marcel Mauss, "In Memoriam: l'oeuvre inédite de Durkheim et de ses collaborateurs", *Année Sociologique*, n. s., vol. I, 1925 (pp. 22-23).

69 "La prééminence de la main droite: étude sur la polarité riligieuse", *Revue Philsophique*, vol. LXVIII, 1909, pp. 553-580.（英譯名爲*Death and The Right Hand*, London, 1960.）

70 *Death and The Right Hand*, pp. 112-113.

伯斯島、[71]希臘以及其他各處展開，其中最近的兩份調查報告是關於非洲的，一份是伊凡—普里查德的《努爾人的長矛符號體系》（*Nuer spear symbolism*），[72]另一份是比德爾曼（T. O. Beidelman）的《卡古魯人的右手與左手：記一種符號分類》（*Right and left hand among the Kaguru: a note on symbolic classification*）。[73]對這種分類形式的研究依然方興未艾，[74]追根溯源，這方面的工作之所以能成氣候，都可以歸結到涂爾幹和莫斯的這篇文章。

在尼德蘭，這篇文章對社會人類學產生了令人矚目的影響。在那裡，萊頓（Leiden）學派形成了一個出類拔萃的研究團體，由奧森布魯根（F.D.E.van Ossenbruggen）、德榮（J.P.B.de Josselin de Jong）和拉瑟爾（W. H. Rassers）這些學者組成。他們與涂爾幹和莫斯的著作的關係是顯而易見的；在另外一些或比較晚近的作品中，這種智識的系譜雖然不

---

71 西里伯斯島（Celebes）是印尼中部蘇拉威西島（Sulawesi）的舊稱。——中譯注

72 *Anthropological Quarterly*，n. s. , vol. I, 1953, pp.1-19.（後作為*Nuer Religion*的第九章收入該書，Oxford, 1956.）

73 *Africa*, vol. XXXI, 1961, pp. 250-257.

74 牛津正準備出版一本手冊，其中一併收錄了那些專門涉及右和左的二元符號分類的文章，同時還包括這些文章的參考文獻。

甚直露，但它們所受到的影響也很容易就能覺察出來。[75]該學派的部分著作具有獨特的重要意義，因爲在其中，以澳洲土著的素材爲基礎闡發出來的觀念，被應用到有關具有較高文明的印尼人的研究上。

如果我們把相關於《原始分類》的問題的研究以及在該文公認的理論影響之下開展的一些研究羅列出來，那麼我們必將對這篇文章在學科發展上的歷史意義產生深刻的印象。這些研究包括：奧森布魯根的《爪哇語Montijå-pat一詞的起源》、[76]葛蘭言的《中國思想與語言的幾個特點》、[77]拉瑟爾的《爪哇戲劇的意涵》、[78]德榮的《神騙的起源》、[79]葛蘭

75 本文在此雖未能對萊頓學派的著作進行一次詳盡的考察，但是，這項工作乃是社會人類學史的一項相當重要的任務。

76 “De oorsprong van het Javaansche begrip Montjåpat”, *Verslagen en Mededeelingen der Koninklijke Akademie van Wetenschappen*, Afdeeling Letterkunde, 5e reeks, 3e deel, 1918, pp. 6-45.

77 “Quelques particularités de la langue et de la pensée chinoises”, *Revue Philosophique*, vol.LXXXIX, 1920 (p. 188).

78 “Over den zin van het Javaansche drama”, *Bijdragen tot de Taal-, Land-, en Volkenkunde van Nederlandsch-Indië*, vol.81, 1925 (p. 359).

79 “De oorsprong van den goddelijken bedrieger”, *Mededeelingen der Koninklijke Akademie van Wetenschappen*, Afd.Letterkunde, deel 68, serie B, 1929 (p. 6).

言的《中國思想》、[80]索默費爾特（Alf Sommerfelt）的《語言與社會：古式語言的社會特徵》、[81]蘇斯戴爾（Jacques Soustelle）的《古代墨西哥人的宇宙論觀念（對世界與空間的表現）》、[82]迪歇納—吉耶曼（J. Duchesne-Guillemin）的《善神與惡神：古代的二元論探索》、[83]克勞德・列維—斯特勞斯的《社會結構》、[84]托賓（Ph. L. Tobing）的《湖邊巴塔克人之「上神」信仰的結構》、[85]李約瑟的《中國的科學與文明》，[86]列維—斯特勞斯的《結構人類學》，[87]以及最近的一些社會人類學的分析研究。

這些作者的地位和他們作品的聲譽足以標明涂爾幹和莫斯這篇文章的價值了；同時，

80 *La pensée chinoise*, Paris, 1934 (p. 29).

81 La language et la société: *caractères sociaux d'une langue de type archaïque*, Oslo, 1938(pp.9-13).

82 "La Pensée cosmologique des anciens Mexicains: (représentation du monde et de l'espace)", *Actualités scientifiques et industrielles*, 881(Ethnologie), Paris (p. 6).

83 *Ormazd et Ahriman: l'aventure dualiste dans l'antiquité*, Paris, 1953 (p. 86).

84 "Social structure", *Anthropology Today*, A. L. Kroeber編, Chicago, 1953 (p. 532).

85 *The structure of the Toba-Batak Belief in the High God*, Amsterdam, 1956.

86 *Science and Civilization in China* (vol.II: History of Scientific Thought), Cambridge, 1956 (pp.279-280).

87 *Anthropologie Structurale*, Paris, 1958 (pp.8, 362).

五十多年來，如此繁多而又各有側重的著作都紛紛對其加以援引，這也說明了該文具有堪當基礎的適用性和激發靈感的持久力量。

至於該文在方法上的意義，可以說主要是消極方面的，但是，從涂爾幹和莫斯的錯誤中，我們可以學到很多東西。畢竟，他們是本學科的兩位大師，他們合作研究的是未曾被眞正揭示過的重大主題，這樣一種智慧的履踐不可能不具有啓發意義。而且，不應該忘記，今天我們輕易就能夠察覺的那種錯誤的探究思路，如若換到上一個世紀，幾乎就不可能這樣一目了然了。那時的學者在當時盛行的思想風格的制約之下，都用因果的觀點和歷史的觀點來分析人類事務，所以，儘管涂爾幹和莫斯在某些方面表現出了先見之明，我們也沒有理由期望他們重新權衡他們在分析中所提出的證據，並放棄他們的目標。無論如何，那些目標仍然是社會人類學中值得尊重的目標，只不過由於我們的有利條件，我們才發現它們並不是唯一可以想像得到的目標，我們也更容易發覺它們有可能是不切實際的，僅此而已。

另外，這篇文章在方法上所明顯具有的積極意義也十分值得重視。正像伊凡—普里查德曾經指出的那樣，它表明，「在一個有限的而且可以明確界定的文化區域內，可以在其觀念和實踐的完整脈絡中考察事實，對這樣的區域進行集中深入的研究」，它具有一種超乎尋常而又不可或缺的優勢。[88]社會人類學當然不能囿於這套規程，一味固守這種學術抱負，但

88 Introduction to R. Hertz, *Death and The Right Hand*, 1960, pp.14-15.

是，與弗雷澤的比較方法以及後來的統計比較法進行反復對照以後，我們可以充分證明，無論如何，只要我們力圖實現社會學的解釋，就應該從涂爾幹和莫斯的方法入手。這篇文章還提供了另一種研究規程的範例，該規程後來成爲了年鑑學派的特色，這就是要以總體性的觀點把一系列事實看成一個已成體系的方式組成的整體，而其中的各個部分在彼此孤立的狀態下都是不足以理解的。在今天看來，這條規訓顯然可以說是老生常談了，然而，要在婚姻規則和對死亡責任的歸因之間，[89]或在一個民族的行進路線和其組成群體的宇宙論關聯之間[90]建立體系關係，這可絕不是一望而知、輕而易舉的事情。無論如何，不管在原則上願不願意承認，今天如若在實踐中對這一規訓視而不見，那麼所開展的調查難免要步履艱難。尤其值得一提的是，涂爾幹和莫斯的文章還有一點獨到之處，那就是他們的論證乾淨俐落。即使用最嚴格的標準來衡量，該文也是一篇上乘佳作。在既定的前提下，其立論構思精巧，其闡述清澈澄明，無論在什麼時代，這些品質無疑都將爲人所稱道。

最後，這篇文章的理論意義將確保它在社會學經典中永遠占有一席之地。是它第一次把社會學探詢的重點，投向了理解人類的思維和社會生活這一具有基礎性重要意義的主題。僅

89 本書第十六頁。

90 本書第七十—七十一頁。

其奇功一件，就蓋過了它的全部缺點。

對繼嗣制度的研究最能說明分類觀念的重要性。克魯伯（Kroeber）在一九一七年對此有所闡述。他寫道：「所有語詞都必然要按照特定的原則來分類，這些原則通常都只不過是若有似無地被意識到的。沒有什麼可信的理由可以認定有關關係的專有名詞應該被排除在外，而且也沒有證據顯示它們是例外的。」[91]後來，他又談到了這個問題：「每種親屬關係體系都是……分類思想的一個小體系。」[92]霍卡特（Hocart）在他關於親屬關係體系的那篇穩練的文章[93]中也指出了這一點，他強調指出，對於親屬關係的術語，主要應該從該民族自身所採用的分類範疇和分類原則入手加以探討。對於這個問題，另一個卓有成效的分析是

---

91 A. L. Kroeber, "California kinship systems", *University of California Publications in American Archaeology and Ethnology*, vol.12, 1917 (p.390).

92 "Kinship and history", *American Anthropologist*, vol. 38, 1936 (p. 339). 對此應該指出，這是一篇與拉德克利夫—布朗（Radcliffe-Brown）進行交流的文章，克魯伯在這篇文章以及他的經驗分析中，對繼嗣制度的解釋都顯然要比後者更具洞察力，拉德克利夫—布朗從未真正把握住要把親屬關係術語看作是一種分類形式的必要性。

93 A. M. Hocart, "Kinship systems", *Anthropos*, vol. XXXII, 1937, pp. 245-251.（在*The Life-Giving Myth*一書中重印，London.1952.）

里奇（E. R. Leach）的《特羅布里恩德諸氏族及其親屬關係範疇「塔布」》[94]一文，在文中他盡可能地拋開了理論預設，把親屬關係術語當成是「範疇詞語」來看待，爲此，只有聯繫社會結構才能理解它們；最終他堅信，他的分析已經十分接近於Trobriand人自己對這些詞語的意思的理解了。連同最近的其他一些分析，一個又一個例子顯示，只要把繼嗣制度看作是社會分類的形式，然後借助於想像力領會其範疇，並識別出它們傳情達意、連綴思想的原則，那麼，原本稀奇古怪、令人困惑的繼嗣制度，也就可以解釋得通了。一旦做到了這一點，當我們已經獲得了這樣一種基本的理解以後，再進一步用這種分類本身以外的分析性術語進行技術的和理論的操作，就不僅已經成爲可能，而且還會產生更爲豐碩的成果。

在更廣闊的背景中，還有喬治·杜梅齊爾（Georges Dumézil）關於早期印歐的社會和宗教分類之共同形式的那些精彩作品，[95]以及他對印歐民族的雙重主權觀念的引人入勝的研

---

94 "*Concerning Trobriand clans and the kinship category 'tabu'*", *Cambridge Papers in Social Anthropology*, no.1, 1958, pp.120-145.

95 有關他的一些調查的短論見於*Les Dieux des Indo-Européens*, Paris, 1952。並參見*L'Idéologie tripartie des Indo-Européens*, Brussels (Collection Latomus, vol.XXXI), 1958。

究——他將這種觀念說成是一種「分類原則」的表達。[96]博施（F. D. K. Bosch）對印第安人有關遠古宇宙分類的符號風格的開拓性分析，[97]更清楚地表明了涂爾幹和莫斯論題的適用性絕不僅僅局限於原始社會組織的領域。

我們並不是說，所有這些學者都受到了《原始分類》這篇文章的直接啓發，當然，我們也可以看到，至少有些學者確實是這樣的（例如杜梅齊爾的《密多羅—伐樓拿》（*Mitra-Varuna*）一書就是題獻給莫斯和葛蘭言的）。但無論如何，不管他們是否受到了直接啓發，他們的著作都體現了分類概念本身的重要性。

這種重要性還可以進一步直接了當地體現出來，因爲涂爾幹和莫斯所假設的符號分類與社會結構之間的關係，仍然是富有建設性的值得鑽研的問題。這種關係不僅隨著它寓於其中的那種文化的普遍複雜性而變化，隨著科學與技術的進展情況而變化，同時也隨著繼嗣制度

---

96 *Mitra-Varuna: essai sur deux représentations indo-européennes de la souveraineté* (2e édition）,Paris, 1948 (p. 206).還有一篇對分類和補償性主權的社會人類學分析，是在杜梅齊爾的著作及涂爾幹和莫斯的文章的啓發之下完成的，見“The Left Hand of the Mugwe: an analytical note on the structure of Meru symbolism”, Africa, vol. XXX, 1960, pp. 20-33。

97 *De Gouden Kiem*, Amsterdam-Brussels, 1948；英文修訂版爲*The Golden Germ: an introduction to Indian symbolism*, ’s-Gravenhage, 1960.

的類型而變化。最近的調查使這種變化顯現了出來，也就是說，在那些同宗社會中，符號秩序與社會秩序的關係既可能很顯著，也可能很微弱；在簡單的直系繼嗣制度中，這種關係可能在一系列具體的細節中找到，也可能出現在一些孤立的制度中，但通常都不很複雜；而在規約聯盟的體系中，符號形式與社會組織卻很一致，甚至於可以把這兩類事實看成是同一概念秩序或同一分類模式的兩個方面。這種一致性並不需要像涂爾幹和莫斯所假設的那樣嚴格對應，而是說在結構的意義上，具有不同形式的制度可以被看作是以同一種關係模式爲基礎的。例如，半偶族社會、具有分部體系的社會和具有非對稱的聯盟體系的社會在形式上頗爲不同，在秩序上似乎也大相徑庭，然而，只要從它們的組成部分成對關係的角度出發進行分析，就可以認爲，它們所具有的特點恰恰是它們全都符合符號分類的二元圖式。另外，在這種研究的基礎上，我們就可以理解爲什麼涂爾幹和莫斯單單選中澳洲社會作爲他們用來進行推測的典型案例了，原來，他們預先就傾向於斷定，在其他簡單社會中也存在這種普遍的對應關係，並有意去尋找那些還找不到的這種關係；因爲大多數澳洲社會都是實行規約聯盟的社會，所以，可以認爲它們呈現出了社會組織與符號分類之間的鮮明的一致性，但實際上，簡單社會並不是普遍具有這種一致性的。[98]

98 另外，拉德克利夫—布朗的理論之所以基本上圍繞著澳洲社會展開，並格外強調原始社會普遍具有統一性和制度上的協調性，可能主要也是由於這個緣故。

分類的重要意義還不止於此。我們不妨簡要地瀏覽一些問題，借助分類的一線光明，我們可以把這些問題全都看作是屬於同一類別的問題。例如，用最嚴厲的規則來管制婚姻和性交往是人類社會最普遍的特點，而那些主要依據繼嗣來確定法律地位的社會尤爲如此。對這些規則的違逆，即通常所說的亂倫，被視爲不赦之罪，以致要處以極刑。然而，一個令人吃驚的事實是，在某些社會中，甚至在那些繼嗣制度已經使亂倫變得不可想像的社會中，神話竟把整個民族、某些群體或者某些人員說成是一次原初行爲的後裔，而這種行爲恰恰就是在實際生活中最令人深惡痛絕的亂倫交合。在印度，與自己的女兒睡覺可謂罪孽深重，可是在一個有關造物主起源的重要神話中，生主（Prājajpati）就是透過他自己女兒的肉體生成人類的；某些愛斯基摩人（Eskimo）也相信，他們源於一對兄妹之合；一個Sumbanese氏族把他們的起源追溯至一次人與狗的獸姦，這種情況如此汙穢可恥，以至於神話中的造孽者也因羞愧而自殺。[99]此類案例很容易找到很多，就連來自世界各地的最粗疏的人種志調查也能夠提供類似的例子。這些神話在具體情節上千差萬別，但它們全都展現出共同的面貌，即現

99 這些例子的參考文獻在此均未列出，因爲我們舉出這些例子，僅僅是爲了提示人類社會的這種非常普遍而又眾所周知的特點，它們本身在我們的上下文中並沒有什麼特別的價值。這些例子的意義並不在於它們具有文化上的獨特性，而在於它們所體現出來的分類進程我們還遠沒有認識到。

存的社會分類原則沒有發揮作用或遭到了蔑視。這些神話，可能想要表現現在的秩序是從遠古的混亂中產生出來的，抑或是在逆轉那些具有遠古定義的範疇之間的關係；但無論是哪種情況，這個問題總歸與分類有關。

這些神話所勾畫出的情形不僅僅是想像，相反，它們是在社會生活中實現的、是在人們通常針對恣意放浪之舉而制定的法令中實現的。在此，與我們在神話中認識到的東西相並行，還有另外兩種對社會秩序範疇的操縱。其一是：在一段混沌的時期內，各種關係都紛亂不堪，有關亂倫、財產以及社會禮節的規則一時俱廢。其二是：社會範疇之間的關係完全發生了逆轉，以至於主人在家中服從他的奴隸，官吏在案前恭候他的子民。這兩種制度化的無序，廣泛存在於世界的任何地方和歷史的任何時期；而對於社會人類學家來說，它們全都是分類中的問題。

倒置（reversal）的主題是社會人類學中最錯亂也是最基本的問題之一，唯有在分類的背景中，我們才能夠洞察其中的詳情。當人們進行某些縱情狂歡的儀式的時候，當人們通常認為左手是卑賤的和不吉的、而右手則與某些獨特的德性有關的時候，當同性戀或喪失性能力的男人被委任為女神職人員的時候，我們都能夠從中發現符號倒置（symblilc reversal）最一般的發生方式。對於最後一種制度，也可以看作是異性裝扮癖（transvestism）的一個範例。異性裝扮癖尤其是一種讓人好奇的倒置，比如婆羅洲[100]的女人在一種農耕儀式上，會像獵頭戰士一樣披掛整齊，而往常這是完全受到禁止的。另外一種形式的格外重要的符號倒置，可以用來在各民族之間、各種範疇的人之間、生與死之間標出界限。盧格巴拉人（Lugbara）把他們憎恨或猜忌的鄰族人倒掛起來；巫婆在跳Kaguru舞蹈時是頭朝下的；在達拉迦島（Toraja），對於死者的每樣東西，都要把它們在這個世界中的本來面目倒置過來，甚至有關的詞語的意思也跟它們平時的含義相反，或者這些詞語要倒過來發音。

所有這些例子都涉及範疇之間的關係，換言之，它們都是分類中的問題。它們的重要性非同一般，因爲，如果說我們社會人類學家首要的任務是識別秩序，並使之變得可以理解的話，那麼弄清楚那些人們用來創造無序——也就是說，把他們的分類倒置過來或者完全打碎——的非常普遍的習俗與信仰，也是一項同樣至關緊要的工作。

社會人類學關注的焦點是秩序，而那些系統相關的範疇，即分類，將爲秩序提供標記和保護。涂爾幹和莫斯曾經談到過一種更爲特別的背景，分類「表達了它們建構於其中的那個社會」。[101]正是由於這一主題具有無與倫比的重要性，所以他們的文章也始終具有獨一無二

100　婆羅洲（Borneo）是東南亞加里曼丹島（Kalimantan）的舊稱。——中譯注

101　本書第八十一頁。

的價值。無論其中有什麼錯誤，它的理論首要貢獻就是把分類單獨分離出來，使之成爲社會學所要直接追問的文化的一個側面。[102]

分類在經驗研究上的重要意義比較容易被接受，不過，或許有人會提出懷疑，單單「分類」這個觀念，在分析上是不是也能產生重大的影響呢？這種想法，可能沒有考慮到，六十年來，乃至更長一段時期，也就是自從社會學作爲經驗學科在法國確立以來，在社會學思想的發展中最有意義的教訓到底是什麼？伊凡—普里查德在談到社會學年鑑派的成員時曾經指出：「這是一個事實：任何人也不能否認，今天的人類學家賴以爲生的理論資本，主要就是那些基本上搞文獻研究的人所寫的東西。」[103]不管這門學問的奠基人所宣稱的目的是什麼，構成其理論資本的，並不是各種社會學法則、各種一般的理論和比較精細的抽象命題聯合而成的理論黏合體。功能倚賴的社會學法則還沒有在社會人類學中確立起來，[104]一般的理論還遠未出現，一連串可檢驗的假設（其所及之處）並沒有引出社會生活的抽象程序，而僅僅導致了經驗概括。社會人類學現在根本不具備堅實的理論基礎，而只是處在一種概念混

---

102 參見伊凡—普里查德教授所講的回到「原始哲學」研究的必要性（*Nuer Religion*, pp. 314-315）。

103 Introduction to R. Hertz, *Death and The Right Hand*, 1960, p.24.

104 Evens-Pritchard, *Nuer Religion*, p. 14.

淆的狀態中，這種狀態表現爲日益增長的技術分類（taxonomy）和定義訓練；而每一次新的田野研究又都能拿出足夠多的「反常」特性來，於是，這又導致了更多的類型學和方法論的意見。[105]我們已經到了經驗百出而命題無效的地步，在這一點上，里奇的格言倒是充滿著寬慰和希望，他說，在人類學的分析中，「我們必須認爲每個案例都有來頭」。[106]他振振有詞地講道：「如果我們能夠從擺脫所有……先驗的假設入手，那麼，民族志的事實就會更容易理解。我們所關心的是社會範疇所具有的意涵是什麼，而不是它們應該具有什麼樣的意涵。」[107]他這番話又把我們帶回到了涂爾幹和莫斯以前，帶回到了一九〇三年以前。

不過，這樣說也未免有些偏頗，因爲這個時期的社會人類學無論在描述上還是在分析上，都確實已經取得了最令人鼓舞和比較迅速的進展，它使我們對一系列社會類型和集體表現有了更清楚的了解，而伴隨著每一次遠征和專業技巧的每一次擴充，這些社會類型和

105 這個結論可不是爲了買好的，也不是被那種對待社會人類學的反科學態度或者是「文學」（這更糟）態度所激發出來的偏見。這是一個事實，是對任何對此有所反思的人來說都明擺著的事實——即使不是這樣，那麼迄今爲止也沒有任何人能夠確立相反的結論。

106 E. R. Leach, *Rethinking Anthropology*, London (London School of Economics, Monographs on Social Anthropology, no.22), 1961(p. 10).

107 同上書，第二十七頁。

集體表現的變種和複雜性又有所增加。我們只要比較一下《努爾宗教》（*Nuer Religion*）和《安達曼島人》（*The Andaman Islanders*）、《緬甸高地諸政治體系》（*Political Systems of Highland Burma*）和《美拉尼西亞社會的歷史》（*The History of Melanesian Society*）、《南印度的一個亞種姓》（*Une Sous-caste de l'Inde du Sud*）和《維達人》（*The Veddas*），或者《親屬關係的基本結構》（*Les Structures élémentaires de la Parenté*）和《血親與姻親制度》（*Systems of Consanguinity and Affinity*），我們就會堅信確有進步並令人歡欣鼓舞，或許還可以對這門學科恢復信心。那麼，這些到底是從何而來的呢？這些進步的理論基礎又是什麼呢？

這種進步在部分上是田野工作標準日趨嚴格的結果，是確鑿可靠的事實大量積累起來的結果。比起涂爾幹和莫斯對人類在社會中的所作所爲的了解，我們現在所擁有的知識當然要廣泛得多，詳細可信得多。有時候，這些知識確切或不那麼確切地表達爲經驗概括。繼而，這些普遍化過程有時候會產生某種程序，依據這種程序能夠提出一些可以接受經驗檢驗的具體命題，而這些命題有時候又會導致在民族志上或分析上的某種技術進步。但情況還不止如此。在英國（我們姑且只說一說這個近幾十年來社會人類學最受矚目的國家），社會人類學受到了某些一般觀念的啓發，這些觀念來自法國早期的社會學家，他們帶來了絕無僅有的理論影響，很多進步都應該歸功於他們。

這都是些分析性的觀念，諸如「轉變」（transition）、「極性」（polarity）或

「對立」（opposition）、「交換」（exchange）、「團結」（solidarity）、「總體」（total）、「結構」（structure）以及「分類」（classification）等等。但它們並不是理論，而只是具有高度一般性的概念；它們是含糊的，什麼也沒有表述。乍看，它們好像於事無補，當然也不能被當作基本公設，在社會人類學的導論課上教給學生。確實，只有鍥而不捨地應用它們來完成理解社會現象的重任之後，我們才能夠領會它們的意蘊；而對人類社會和集體表現了解得越少，它們似乎就越不起作用。但是，它們已被證明具有重要而恆久的分析價值，甚至可以說，它們基本上就是社會人類學的「理論資本」。

這些觀念的一般性和它們在實踐上無法確定的意蘊，竟然絲毫沒有妨礙它們產生精確的問題程序和有用的結論。恰恰相反，舉例來說，一旦莫斯確立了交換的社會學意蘊，[108]列維・斯特勞斯就能夠在似乎最難利用這一觀念的領域，即婚姻規則和「亂倫」問題的領域，形成一個縝密的分析圖式，這個圖式不僅涵蓋了交換的各種類型和模式，而且涵蓋了這些類型和模式帶有差異性的社會相關。[109]他的經典論著，繼而又導致了越來越多的對規約聯盟的技術性研究，但是，無論這些研究方法經過了怎樣的錘煉，也不管因此產生的概括多麼精當，它們切中主題的理論主幹，從根本上說來自於一個簡單的觀念：「交換」。

---

108 Mauss, "Essai sur le Don", 1925.

109 Claude Lévi-Strauss, *Les Structures élémentaires de la Parenté*, Paris, 1949.

無論這些分析性的觀念帶來了什麼，但它們本身似乎不能構成或用於構成對確切科學中一般理論的系統闡述。儘管它們是豐富多產的，但可以肯定的是，它們所促成的理論進步實際上並不在於對一般理論或法則的建構。不過，絕不能因爲它們不是這一類的抽象命題，就簡單地低估了它們；相反，它們使社會生活的很多方面變得可以理解了，在這一點上，它們已經取得了很大的成就。無論如何，作爲一種可能性，我們不能不希望這種探索將在社會人類學中獲得成功，希望此類分析性的觀念將青春永駐——這不僅僅是從修辭的意義上講的。也就是說，無論在任何地方，它們都有可能成爲對社會生活和集體表現的獨一無二的眞切透視；換言之，它們有可能成爲社會學思想的範疇。

儘管有種種不足之處，但是，對社會學研究中「分類」這一分析性觀念的構想，仍是涂爾幹和莫斯這篇文章最主要的成就。畢竟，我們可以把這個觀念轉化爲我們的學術追求，它交給了我們一項緊迫的任務，一如莫斯的諄諄教誨：「我們首先必須盡可能全面地歸攏出一份範疇的目錄，從我們能夠發現的人類所使用過的所有範疇開始。然後我們將會看到，曾經有過並且仍然還有很多月亮，它們或已死去，或顯得幽暗而朦朧，高懸於理性的蒼穹。」[110]

110 我們的翻譯難免平白，而法文原文則更加動人心弦："Il faut avant tout dresser le catalogue le plus grand possible de catégories;il faut partir de toutes celles dont on peut savoir que les hommes se sont servis. On verra alors qu'il y a eu et qu'il y a encore bien des lunes mortes, ou pâles, ou obscures, au firmament de la raison" (*Sociologie et Anthropologie*, Paris, 1950, p. 309).

如果社會人類學能夠唯精唯一，心無旁騖，那麼，它必將成爲人類知性中最壯麗的事業。

四

現在，我們已經扼要地考查了出版這篇文章的英文本的一些根據，借此機會，我們不妨從一般意義上，再來談一談翻譯在社會人類學家的職責圖式中的地位。

很少有學者能夠有自己的思想，他們的活計基本上就是傳授本學科的大師們的學說。其中有一些學說（涉及各種主題）被寫成了言簡意賅的專題討論，如果這些論著是用外語寫成的，那麼，不僅宣講這些著作是非常有意義的學術活動，而且，把它們翻譯出來也就同樣重要了。大學教師們應該相信，這並不是什麼沉重的負擔，相反，在這項工作中，能夠發現具有建設性的、並且經常令人歡欣鼓舞的收穫。專心致志地研讀一位大學者的作品，會讓人受益匪淺，因爲這不僅能使我們與他的思想（還有他的謙遜）產生越來越多的共鳴，[111]而且還有可能引發我們對自己工作的一些新思考。此外，還可以再加上一條：意識到身處一個知識

---

111 參見涂爾幹：「如果你想讓你的思想成熟，那麼就一絲不苟地專注於一位大師的研究吧！把他最神祕的著作體系解開。」（Harry Alpert, *Emile Durkheim and his Sociology*, New York, 1939, p. [9]）

傳統，感受到與偉大前輩發生思想上的聯繫油然而生一種愜意與滿足，也是十分令人神往的事情。

還有一些收穫，就是把翻譯提供給學生，如果很多學生有機會從頭接觸這些著作，那麼這無疑是一種學術的貢獻和一種快慰的源泉。誠然，這項工作很少能夠獲得職業上的聲譽，因爲任何一位社會人類學家都本應該有能力進行翻譯，比如說翻譯法文著作，而且，大多數人都會以爲他們能夠做得更好（也確實有些人會做得更好）；不過，這些工作不大會成爲一位學者所主要關心的東西，更何況，他還有其那些值得重視的學術上的收穫呢！

讀者手上的這個譯本保留了法文原本的形式，其中的標點符號乃至對段落和句子的劃分，都與涂爾幹和莫斯的原文近於一致。之所以這樣做，並不是要體現法語翻譯的特點，或是要體現當時的文風，而主要是因爲大部分標點符號和分段劃句都具有闡述性的價值：它們多少反映了涂爾幹和莫斯統籌兼顧地思考所用材料的方式，反映了他們盡善盡美地展開論證的思路。[112]一般說來，在不矯揉造作的情況下，我們的翻譯都盡可能地接近原文。在有些地方，這一原則可能會導致帶有法國味的英語，不過，這也不全是壞事情。

部落名和地名用的都是民族志的第一手資料中的拼字法，在大多數情況下都是英文名。

112　參見R. Hertz, *Death and The Right Hand*中的譯者注，1960 (p.5)。

依據民族志的慣例，部落名不應加上英語化的複數，這樣，比如原文中的「Les Zuñis」，就改作了「the Zuñi」。註腳進行了必要的重新編號。參考文獻縮寫成了作者名、出版年代和頁碼，而詳細的內容都合併成了一個符合慣例的文獻索引。原文各章均無標題，但我們列出了所討論的地區的名字作爲提示。此外還提供了一個索引。

這些事情體現了我們在諸多方面的斟酌籌劃，所以說這是一個編輯本，而不僅僅是一個法文的英譯本。這個任務是不得已而爲之的，因爲涂爾幹和莫斯的文章距離學術著作的規範要求差得很遠，簡直讓人吃驚。文獻標題的縮寫難於辨認，作者的姓名、姓名的第一個字母以及出版地都隨隨便便地遺漏了。索引上的錯誤至少有六十九個，很多都會產生誤導，讓學生找不到文中所用的資料。具體地說，有五個是作者的名字給弄錯了（其中一個極端的例子是，他們把文章的眞正作者說成了完全不同的另一個人）；有十二個是標題很不準確；十五個是年代搞錯了；三十七個是頁碼錯了。此外，文本中還有十多處人名、地名或其他名稱的拼寫錯誤。更爲嚴重的是，有幾個地方，涂爾幹和莫斯把文獻原文給譯錯了，還有一處他們引用了一個根本不存在的著作。以上列舉不免令人沮喪，但好在我們對所有這些問題都作了訂正：頁碼作了檢查，引文都仔細地錄自原本，索引中的各項都補充了通常所需的細節。經過這番細節的修改，相信這個文本已經去掉了所有重要的錯誤和疏漏之處。

當然，從根本上講，還是原文具有優勢，除非不得已，否則沒有誰一定要依據譯本來從事學術研究；而且，如果可能的話，我們也期望讀者能夠參照原文來使用英譯本。爲了應付在細節上偶然出現的錯誤，我們作了一些注釋以提請讀者注意，其中注出了原本和譯本的明顯不同之處。

編輯工作僅限於訂正涂爾幹和莫斯使用過的文獻，其他的以及此後的有關澳洲人、北美印第安人和中國人的資料實在是卷帙浩繁，我們未能就文中所涉及的問題逐一進行核對。雖然在這方面仍然是大有可爲的工作，但是，這種核對只有民族志的意義，而我們的評論所集中關注的是，如何參照涂爾幹和莫斯所用的事實來評價他們的論斷，評價他們所發現的原則。同樣，對該文與涂爾幹或莫斯此後作品的確切關係的考察，屬於他們的學術傳記上的問題，或者是科學史方面的問題，在此亦未涉及。[113]最後，應該明確指出的是，如果他們的理論見解在此沒有得到闡發，或者沒有被聯繫到分類研究中的某些其他問題上，那是因爲，這樣的工作更適合於在原創性的研究中進行，而不是在一篇批判性導言的語境中進行。[114]

113 不過，有一篇文章總結了涂爾幹在《宗教生活的基本形式》一書中所表達的主要論點，還是很值得一讀的，這就是沃斯利（P. M.Worsley）的《涂爾幹的知識理論》（*Emile Durkheim's theory of knowledge*, Sociological Review, n.s., vol. 4, no. 1, 1956, pp. 47-62）。其中在第五十四—六十二頁，以沃斯利博士自己最近對格魯特島（Groote Eylandt）的研究爲基礎，專門探討了分類問題。

114 參見列維—斯特勞斯教授的傑作《野性的思維》（*La Pensée Sauvage*, Paris, 1962），其中心議題就是原始分類。

參考文獻

期刊名縮寫

ARBE Annual Report of the Bureau of Ethnology. Washington.

JAI Journal of the Anthropological Institute of Great Britain and Ireland. London.

Barth, A. (1891). *The Religions of India*. London.

Bastian, Adolph. (1887). *Die Welt in ihren Spiegelungen*...Berlin.

(1888). *Allerlei aus Vloks-und Menschenkunde*. Berlin.

(1892). *Ideale Welten*. Berlin.

Bouché-Leclercq, A. (1899). *L'Astrologie grècque*. Paris.

Buckland, A. W. (1893). "Points of contact between Old World customs and the Navaho myth entitled 'the Mountain Chant'". JAI, 22, pp. 346-355.

Caland, W. (1901). *De Wenschoffers*. Amsterdam.

Cameron, A. L. P. (1885). "Notes on some tribes of New South Wales". *JAI*, 14, pp. 344-370.

Chevillard, Similien. (1889). *Le Siam et les Siamois*. Paris.

Contributions to North American Ethnology (1877). Washington.

Curr, Edward M. (1886-1887). *The Australian Race.* (4 vols.) Melbourne.

Cushing, Frank Hamilton. (1883). “Zuñi fetishes”. *ARBE*, 2, pp. 9-45.

(1896). “Outlines of Zuñi creation myths”. *ARBE*, 13, pp.321-447.

Deussen, Paul. (1894-1917). *Allgemeine Geschichte der Philosophie.* Lepzig.

Doolittle, Justus. (1876). *Social Life of the Chinese.* New York.

Dorsey, J. Owen. (1884). “Omaha sociology”. *ARBE*, 3, pp.205-370.

(1894). “A study of Siouan cults”. *ARBE*, 11, pp. 351-544.

(1896). “Siouan sociology”. *ARBE*, 15, pp. 205-244.

Durkheim, Emile. (1898). “La prohibition de l’inceste”. *Année Sociologique*, 1, pp. 1-70.

(1902). “Sur le totémisme”, *Année Sociologique*, vol. V, pp.82-121.

Ebers, Georg. (1901). “Die Körpertheile, ihre Bedeutung und Namen in Altägyptischen”. *Abhandlungen der Königlich Bayerische Akademie der Wissenschaften*, 21, pp. 79-175.

Fewkes, Jesse Walter. (1897). “Tusayan fetishes”. *ARBE*, 15, pp. 245-313.

Fison, Lorimer and Howitt, A. W. (1880). *Kamilaroi and Kurnai.* London.

Fletcher, Alice C. (1898).“The significance of the scalp-lock: a study in Omaha ritual”. *JAI*, 27, pp. 436-450.

Frazer, J. G. (1887). *Totemism*. Edinburgh.

(1899). “The origin of totemism”. *Fortnightly Review*, 65,pp. 647-665, 835-852. London.

Groot, Johann Jacob Maria de. (1892-1910). *The Religious System of China*. (6 vols.) Leiden.

Haddon, A. C. (1890). “The ethnography of the western tribe of Torres Straits”. *JAI*, 19, pp. 297-440.

(1901). *Head-hunters, Black, White and Brown*. London.

Hillebrandt, Alfred. (1897). *Ritual-Litteratur: Vedische Opfer und Zauber*. Leipzig.

Howitt, A. W. 1883. “Notes on the Australian class systems”. *JAI*, 12, pp. 496-510.

(1884a). “On some Australian beliefs”. *JAI*, 13, pp. 185-198.

(1884b). “Remarks on the class systems collected by Mr.Palmer”. *JAI*, 13, pp. 335-346.

(1884c). “On some Australian ceremonies of initiation”. *JAI*,13, pp. 432-459.

(1885). “Australian group relations”. *Report of the Regents of the Smithsonian Institution*, 1883, pp. 797-824. Washington.

(1886). “On the migration of the Kurnai ancestors”. *JAI*,15, pp. 409-421.

(1887). "On Australian medicine men: doctors and wizards of some Australian tribes". *JAI*, 16, pp. 23-58.

(1889a). "Further notes on the Australian class systems". *JAI*, 18, pp. 31-68.

(1889b). "Notes on Australian message sticks and messengers". *JAI*, 18, pp. 314-332.

Hunt, Archibald E. (1899). "Ethnographical notes on the Murray Island, Torres Straits". *JAI*, 28, pp. 5-19.

Kohler, J. (1897). *Zur Urgeschichte der Ehe*. Stuttgart.La Grasserie, Raoul de. 1899. *Des Religions comparées au point de vue sociologique*. Paris.

La Loubère, Simon de. (1714). *Description du Royaume de Siam*. Amsterdam.

Lang, Andrew (trans. Marillier, L.) . (1896). *Mythes, Cultes, et Religions. Paris*.

Leclère, Adhémar (ed.). (1898). *Les Codes cambodgiens*.Paris.

Legge, James (trans.). (1882). *The Yî-King*. (Sacred books of the East, vol. 16.) Oxford.

Lumholtz, Carl. (1900). *Symbolism of the Huichol Indians*. New York.

MacCauley, Clay. (1887). "The Seminole Indians of Florida". *ARBE*, 5, pp. 469-531.

MacGee, W. J. (1894). "The Siouan Indians". *ARBE*, 15, pp. 157-204.

Mallery, Garrick. (1886). "Pictographs of the North American Indians". *ARBE*, 4, pp. 3-256.

Mathews, R. H. (1895). “The Bora or initiation ceremonies of the Kamilaroi tribe”. *JAI*, 24, pp. 411-427.

(1896). “The Bora or initiation ceremonies of the Kamilaroi tribe” (cont.). *JAI*, 25, pp. 318-339.

(1898). “Divisions of Australian tribes”. *Proceedings of the American Philosophical Society*, 37, pp. 151-154. Philadelphia.

(1900). “The Wombya organization of the Anstralian aborigines”. *American Anthropologist*, 2, pp. 494-501.

Matthews, Washington. (1887). “The Mountain Chant:a Navajo ceremony”. *ARBE*, 5, pp. 379-467.

Mindeleff, Victor. (1891).“A study of Pueblo architecture, Tusayan and Cibola”. *ARBE*, 8, pp. 3-228.

Morgan, Lewis H. (1851). *League of the Ho-de-no-sau-nee, or Iroquois*. Rochester, N. Y.

(1877). *Ancient Society*. New York.

Moura, Jean. (1878). *Vocabulaire français-cambodgien et cambodgien-français*. Paris.

Müsterberg, Hugo. (1889-1892). *Beiträge zur experimentellen Psychologie. Freiburg-im-Breisgau*.

Negelein, Julius von. (1901). “Die Volksthümliche Bedeutung der weissen Farbe”. *Zeitschrift für Ethnologie*, 33, pp. 53-85.

Pallegois, Jean-Baptiste. (1854). *Description du Royaume thaï ou Siam*. (2 vols.) Paris.

(1896). *Dictionnaire siamois-français-anglais*. Bangkok.

Palmer, E. (1884). “Notes on some Australian tribes”. *JAI*, 13, pp. 276-334.

Petitot, Emile. (1887). *Traditions indiennes du Canada nordouest*. Alençon.

Pfeil, Joachim von. (1899). *Studien und Beobachtungen aus der Südsee*. Braunschweig.

Powell, J. W. (1881). “Wyandot government: a short study of tribal society”. *ARBE*, 1, pp. 57- 69.

(1883). “Report of the Director”. *ARBE*, 2, pp. xv-xxxvii.

(1896). “Administrative report”. *ARBE*, 13, pp. xxi-lix.

Riggs, Stephen Return. (1885). *Tah-koo Wah-kan: the Gospel among the Dakotas*. Washington.

Rivers, W. H. R. (1900). “A genealogical method of collecting social and vital statistics”. *JAI*, 30 (n.s. 3), pp. 74-82.

Roth, W. E. (1897). *Ethnological studies among the northwest-central Queensland Aborigines*. London.

Smith, E. A. (1883). "Myths of the Iroquois". *ARBE*, 2, pp.47-116.

Smyth, Robert Brough. (1878). *The Aborigines of Victoria*. London.

Spencer, B. and Gillen, F. J. (1899). *Native Tribes of Central Australian*. London.

Steinen, Karl von den. (1894). *Unter den Naturvölkern Zentral-Brasiliens*. Berlin.

Stevenson, Matilda Coxe. (1894). "The Sia". *ARBE*, 11, pp.3-157.

Usener, Hermann. (1887). *Epicurea*. Bonn.

(1896). *Cötternamen: Versuch einer Lehre von der Religiösen Begriffsbildung*. Bonn.

(1898). "Göttliche Synonyme", *Rheinisches Museum für Philologie*, 53, pp. 329-379.

Williams, Samuel Wells. (1899). *The Middle Kingdom*. New York.

Young, Ernest. (1898). *The Kingdom of the Yellow Robe*. London.

作者年表

■涂爾幹

年代	生平記事
一八五八	四月十五日，出生於法國洛林的埃皮納勒，一個傳統的猶太家庭中。
一八七〇	普法戰爭爆發，家鄉埃皮納勒被普魯士軍隊占領，開始認為宗教並非源自於神，而只是一種社會現象。
一八七七	十九歲時，父親病危，經濟與精神狀況皆造成其壓力，使他無法專心準備考試。
一八七九	經過兩次考試失利後，終於以優異的成績考進巴黎高等師範學校。
一八八二	·畢業於巴黎高等師範學校。 ·任教於省立中學，直至一八八七年。
一八八五	赴德國研讀教育學、哲學、倫理學一年。
一八八七	·受聘於波爾多大學（Université de Bordeaux），教授教育學以及當時尚未被承認的社會學，至一九〇二年為止。 ·與露易絲．德雷福斯結婚，育有一子一女。
一八九一	被任命為法國首位社會學教授。
一八九三	·出版《社會分工論》，是其哲學博士論文。 ·闡發關於人類社會的性質及發展規律的理論。

一八九四	投身社會運動，在德雷福斯事件中發揮積極作用，強化其社會活動家的地位。
一八九五	·出版《社會學方法的規則》。 ·定義了作為獨立學科的「社會學」，討論社會學研究的對象和基本方法。
一八九六	創辦《社會學年鑑》。（第一期的《社會學年鑑》是一八九六年，但是一八九八年才刊行）
一八九七	出版《自殺論》，成為社會學案例研究的典範之作。
一九〇二	·成為巴黎大學教育部主席，執教於巴黎大學文理學院。 ·根據社會學研究的不同對象，把社會學分為一般社會學、宗教社會學、法律社會學、犯罪社會學、經濟社會學、道德社會學、社會形態學、美學社會學等。
一九一二	·被任命為巴黎大學教育部終身主席。他隨後將這個職位改名為「教育部和社會學部主席」。 ·出版最後一本重要著作《宗教生活的基本形式》。
一九一五	於第一次世界大戰中痛失其獨子。
一九一七	·突發中風。 ·休養幾個月後，自認康復，便重拾《道德》雜誌的工作。 ·十一月十五日逝世，安葬於巴黎蒙帕拿斯墓園，享年五十九歲。

莫斯

一八七二	出生於法國。
一九〇三	本書《原始分類》出版，莫斯年僅三十一歲。
一九〇四	出版《巫術的一般理論綱要》（*Esquisse d'une théorie générale de la Magie*）。
一九〇八	出版《宗教現象研究導論》（*Introduction à l'étude de quelques phénomènes religieux*）。
一九二五	・出版了其最著名的著作《禮物》（*Essai sur le don*），奠定了人類學宗師的地位。 ・莫斯和人類學家布爾（Lucien Lévy-Bruhl）以及利維（Paul Rivet）共同創立巴黎大學民族學院（L'Institut d'ethnologie de l'université de Paris），致力於記錄與理解土著民族之方法，特別是語言、宗教、習俗、技術、人類學特徵、歷史與考古。
一九三〇	獲選為法蘭西公學苑講座教授。
一九五〇	七十七歲逝世。

索　引（人名對照表）

四畫

五畫

六畫

七畫

八畫

九畫

十畫

十一畫

十二畫

十三畫

十六畫

十七畫

十九畫

經典名著文庫 174

原始分類

分類的一些原始形式——集體表徵的研究

作　　者 —— 愛彌爾・涂爾幹、馬塞爾・莫斯
譯　　者 —— 汲喆
發 行 人 —— 楊榮川
總 經 理 —— 楊士清
總 編 輯 —— 楊秀麗
文庫策劃 —— 楊榮川
副總編輯 —— 陳念祖
特約編輯 —— 張碧娟
責任編輯 —— 李敏華
封面設計 —— 姚孝慈
封面作者繪像 —— 莊河源
出 版 者 —— 五南圖書出版股份有限公司
地　址 —— 台北市大安區 106 和平東路二段 339 號 4 樓
電　話 —— 02-27055066（代表號）
傳　眞 —— 02-27066100
劃撥帳號 —— 01068953
戶　名 —— 五南圖書出版股份有限公司
網　址 —— https://www.wunan.com.tw
電子郵件 —— wunan@wunan.com.tw
法律顧問 —— 林勝安律師事務所　林勝安律師
出版日期 —— 2022 年 8 月初版一刷
定　　價 —— 300 元

國家圖書館出版品預行編目資料

原始分類：分類的一些原始形式：集體表徵的研究 / 愛彌爾・涂爾幹、馬塞爾・莫斯著；汲喆譯 . -- 初版 -- 臺北市：五南圖書出版股份有限公司，2022.08
面；公分
譯自：De quelques formes primitives de classification
ISBN 978-626-317-971-4(平裝)

1.CST: 社會人類學 2.CST: 分類

541.3　　111009446